ケイパビリティ・アプローチとは何か

生活の豊かさを測る

マーサ・ヌスバウム

栗林寛幸　池本幸生　訳

keiso shobo

CREATING CAPABILITIES: The Human Development Approach

by Martha C. Nussbaum

Published by arrangement with Harvard University Press
through The English Agency (Japan) Ltd.

日本語版への序文

二〇一一年の拙著 *Creating Capabilities* の日本語版が刊行されることは、私にとって大きな喜びです。この本を書いたのは、アマルティア・センと私がさまざまな形で発展させてきたケイパビリティ・アプローチをより多くの人に紹介するためでした。このアプローチに関するもっと学術的な二冊の本、*Women and Human Development*（2000）と *Frontiers of Justice*（2006）は、すでに日本語に翻訳されており（『女性と人間開発』（岩波書店、二〇〇五年）、『正義のフロンティア』（法政大学出版局、二〇一二年））、私の他の著書も数多く日本語に翻訳されています。もちろん、アマルティア・センの著作は、日本でも広く知られています。

日本は、ケイパビリティ・アプローチ（ＣＡ）の発展や、アマルティア・センと私が創立会長を務めた国際学会である、「人間開発とケイパビリティ学会（ＨＤＣＡ）」の活動にとって、非常に重要な位置を占めてきました。現在、東京の帝京大学の経済学教授である後藤玲子は、この学会を実際に立ち上げて運営するための組織活動を行った当時の若手研究者グループの一人です。彼女はＣ

Aに関連する二つの会議を主催しました。一つは、二〇〇八年に京都の立命館大学で開催されたもので、*Against Injustice: The New Economics of Amartya Sen*（2009）〔『正義への挑戦――セン経済学の新地平』（晃洋書房、二〇一一年）〕という編著書を生みました。その後、二〇一六年には一橋大学で「グローバル社会におけるケイパビリティとダイバーシティ」をテーマにHDCAの公式年次総会を開催し、それは最大かつ最も成功した会議の一つとなりました。そして、私たちの仕事の発展のすべてを通して、偉大な経済学者である鈴村興太郎（残念ながら二〇二〇年一月に逝去しました）が、私たちに洞察と激励を与えてくれました。興太郎には、多くの学識を共有してくれたことに加え、ともに歌舞伎の劇場に行き、その歴史と伝統について説明してくれたことを非常に感謝しています。

私は二〇一六年に京都賞を受賞して以来、日本との強い絆を感じています。受賞の際には、京都と鹿児島（稲盛財団のすばらしい創設者である稲盛和夫博士の出身地）で講演し、素敵な食事と会話を楽しんだすばらしい二週間を過ごしました。祝賀会は、日本文化の歴史の豊かな感覚を伝えることを目的としており、それは非常に華やかな形で実現しました。その際の私の講演の一部は、ケイパビリティ・アプローチの発展における哲学の役割に関するものでしたが、それ以外に、恥、スティグマ（汚名）、嫌悪感に関する私の研究についても講演しました。私は深く光栄に感じるとともに、私の講演が何かお返しに貢献できればと願いました。

本書は一〇年以上前に出版されましたが、それ以来、私は多くのことを学びました。とくに日本の読者に紹介したいことが三点あります。

本書は、一般的なケイパビリティ・アプローチ（CA）と、私独自のバージョンの両方を紹介しています。私が最初に感じたことは、出版以来ずっと、多くの人がこのアプローチを単一のものだと誤解しているということです。私であれ、アマルティア・センであれ、一人の著者だけを読んで、あたかもそれがすべてであるかのようにアプローチ全体を特徴づけてしまうことが多い。これは間違いです。読者の皆さんにまず強調しておきたいのは、CAは「それら」であって「それ」ではないということです。CAは、共通の動機といくつかの共通のコミットメントを持つアプローチの一群ですが、（本書で明らかにしたように）私のアプローチはセンとはかなり異なっていて、HDCAが発行している学術誌『人間開発とケイパビリティ』の読者ならすぐわかるように、いまでは多くの若い研究者が独自の貢献をしています。この意味で、CAはむしろ古典的功利主義に似ています。ベンサム、ミル、シジウィックは、いくつかの重要な知的コミットメントにおいて共通していますが、深遠な点で異なっていて、このアプローチを真剣に研究している人ならば、彼らを混同するような間違いを犯すことはけっしてないでしょう。残念ながら、CAについてこの間違いは頻繁に起こり、とくに哲学をほとんど読まない経済学者がそうかもしれません。本書は、顕著な違いがどこにあるのかを読者が理解するためのきっかけとなるはずですが、最終的には、このアプローチの主要な提唱者が書いたものを読み、実際に何を言っているかを見るのが唯一の健全な方法です。読者のなかには、HDCAに入会して、その年次総会に出席したいと思う方がいるかもしれません。

そこでわかるのは、一連の受け入れられた真理を敬虔に守ることではなく、多くの分野で活発な議論と論争が行われているということです。

二番目に重要でしばしば無視されてきたことは、CAが歴史的源泉においても、現代の実践においても、多文化・多国籍であるという事実です。アマルティア・センは現在、アメリカで教鞭をとっていますが、いまでもインド国籍のままであり、古今のインド哲学に関する知識は幅広く、彼の思考にとって非常に重要です。重要な著書 *The Idea of Justice*（2009）〔『正義のアイデア』（明石書店、二〇一一年）〕でも、すばらしい自伝 *Home in the World*（2021）〔『アマルティア・セン回顧録』（勁草書房、二〇二二年）〕でも、彼は自らの思考の発展にとって、仏教とヒンドゥー教の両方の古代インド哲学と、ラビンドラナート・タゴールとモーハンダース・ガンジーの現代思想が重要であったと主張しています。これらの影響について簡潔な要約を読みたい読者は、最近出版された拙稿を参照してください（*The Cambridge Handbook of the Capabilities Approach*. eds. by E. Chiappero-Martinetti, S. Osmani, and M. Qizilbash (Cambridge: Cambridge University Press, 2020, pp.13-39)。

学者としての私の専門は古代ギリシャ・ローマ哲学ですが、長年にわたってインドに深い関心を寄せ、インドのジェンダー問題について一冊 *Women and Human Development*（2000）〔『女性と人間開発』〕、宗教分裂の政治について一冊 *The Clash Within: Democracy, Religious Violence, and India's Future*（2007）、そしてインドの法律と政治について多くの論文を書いてきました。私は古代インドの言語を知りませんが、現代インドの偉大な建国者たち、ラビンドラナート・タゴールルの思想についてしばしば教えたり書いたりしてきました。(彼は哲学書を英語で書きました)、ガンジー、ジャワハルラール・ネルー、B・R・アンベードカ

こう述べたのは、CAが「西洋的」で、「西洋的価値観」を支持しているという、よく耳にする批判をかわすためでもあります。実際、開発に関する西洋と非西洋の思想の間には、これまでに多大な交流と相互作用があり、それは今後も続くはずです。タゴールは世界中の多くの思想家から影響を受けており、彼の学校は(日本を含む)多くの国の思想家や芸術家が集い、アイデアを共有する場でした。タゴール自身、日本に特別な関心を寄せ、日本で講義を行い、その偉大な著書 *Nationalism* の一部で、日本で見出した国民性に関する異なる思想潮流について書いています。ガンジーは、イギリスで学び、最も大きな知的影響を受けた人物としてトルストイとラスキンの名を挙げ、南アフリカでアパルトヘイト撤廃のための非暴力運動を始めていた頃、実際にトルストイと文通していました。ネルーは世界中を旅し、多くの世界の伝統について広く読書し、すべてを参考にしました。インド憲法の起草者であるアンベードカルは、ダリット(かつては不可触民と呼ばれていました)であったため、インド社会で快適に感じたことはけっしてありませんでした。彼はイングランドと(ジョン・デューイの弟子として)アメリカで教育を受け、最終的には彼と同じカーストの人たち全員で仏教に改宗しました。インドと日本の仏教は多くの点で異なりますが、日本の仏教徒は、紀元前二六八年から二三二年にかけてインドを統治したアショーカ王への深い崇敬の念から、インドの仏教遺跡の保存と維持に貢献しました。アショーカはヒンドゥー教から仏教に改宗

し、ビハール州に宗教的寛容と普遍的愛の価値を宣言する重要な勅令を青銅の柱に刻んで残しました（アショーカはネルーのお気に入りの歴史上の人物でもあり、インド国旗の中央にある法輪は、アショーカの法の支配の象徴です）。

近年、アマルティア・センは、日本からの代表者とともに、ビハール州の中世仏教大学ナーランダ大学を再建しました。悲しく、罪深いことに、モディ政権はこの設立を妨害し、センと国際理事会を地元のヒンドゥー教理事会に置き換えて、ナーランダを仏教大学ではなくヒンドゥー教大学にしてしまいました。

要するに、ＣＡは、一〇〇カ国の会員を擁するＨＤＣＡの設立以前から、多くの情報源を活用し、交差する国際的対話の多くの流れを表しています。私自身は、日本の哲学と文化について残念ながら無知ですが、タゴールの思想を長年研究することで、その影響を吸収しています。

日本の読者に強調したい第三の、そして最後の点は、ＣＡが人間開発の問題だけでなく、動物や自然界にも関係しているということです。「人間開発アプローチ」という言葉がＣＡの別名として使われているのは事実ですが、私はそういう使われ方をしないことを願っています。私はすでに *Frontiers of Justice* (2006)〔『正義のフロンティア』〕で、動物の権利についてよく考えるためにＣＡが重要であることを強調し、このテーマはその後、私にとってますます重要になりました。二〇二三年一月には、拙著 *Justice for Animals: Our Collective Responsibility* (Simon and Schuster) が出版され、この広範な研究は、人間が動物の生に与える危害について考えるうえでＣＡが最善の理論的アプローチであることを論じています。私はそこで、ＣＡを他の三つのアプローチと比較しています。（１）「自然の梯子（scala naturae）」という考え方に基づくお馴染みの人間中心主義的アプローチ、（２）快楽と苦痛に基づく功利主義的アプローチ（ジェレミー・ベンサム、ピーター・シンガー）、（３）哲学者クリスティーヌ・コースガードのカント主義的アプローチ、です。ＣＡはこれらすべてに優ります。それは、動物を、特徴的な生活形態を持ち、努力する能動的な存在と考えるからです。しかし、ＣＡはこの課題に適したものに作り直す必要があり、新著ではそれに取り組むとともに、政治や法律がどのようにＣＡを実施できるかも考えています。私はほかにも多くの問題、たとえば肉食、人間のニーズと動物の生命との緊張関係、私の動物に対する規範的擁護が植物にも及ぶべきかという問題についても論じています。読者は当然、多くの点で同意しないでしょう。新著の目的の一つは、動物の権利とニーズについて、ぜひとも必要な議論を喚起することです。

私はこの大仕事を一人で行っているわけではありません。ＨＤＣＡには動物問題や環境問題に取り組むグループが増えつつあります。これは現在、ＨＤＣＡの最大の関心事の一つです。繰り返しになりますが、読者の皆さんには、私たちのジャーナルを読んだり、会合に参加したり、私の新著を読んだりして、こうした議論をフォローしてほしいと思います。近い将来、私の新著が日本語に翻訳されることを私は強く希望しています。

人間のケイパビリティと他の生き物のケイパビリティの両方を実現するため、世界は多様な仕事を必要としています。知的な仕事、法的な仕事、そして多様な実践的な仕事が必要です。豊かな生を求めるこの運動に読者の皆さんが参加するきっかけとなることを願っています。

マーサ・C・ヌスバウム

「人間開発とケイパビリティ学会」のすべてのメンバーに捧げる

目次

目　次

※本文中の〔　〕は訳者による補足

はじめに

世界の貧しい国々の問題に取り組む経済学者、政策立案者、官僚たちは、長い間、人間の経験を歪めるような話を人々に語っていた。彼らの支配的なモデルによると、ある国の生活の質の改善とは、一人当たり国内総生産（ＧＤＰ）の増加にほかならなかった。この雑な指標は、驚くほどの不平等を抱える国、つまり人々の大部分が国の経済成長の果実を享受していない国に高い評価を与えることになった。各国は国際的評価を左右するランキングに反応するため、この雑なアプローチは、各国が経済成長だけを目指すように促し、貧しい住民の生活水準には目を向けず、必ずしも経済成長によって改善されない健康や教育といった分野への取り組みを軽視させることになった。

このモデルは今も健在である。それが最も強く定着しているのは、開発経済学や、国際通貨基金（ＩＭＦ）や世界銀行などの開発機関における「発展途上国」の発展の標準的分析であるが、このモデルは豊かな国の「発展」や生活の質の改善の意味を考えるときにも広く使われている（すべての国が「発展している国」だが、発展途上国という言葉は貧しい国を指して使われる。どの国も、すべての国民に適切な生活の質をもたらすという点で大きな改善の余地がある)。豊かな国々も大きな不平等を抱えており、このアプローチは同様の歪みを生み出す。

今日、開発や政策の世界に新しい理論的パラダイムが存在する。「人間開発」アプローチ、または「ケイパビリティ・アプローチ」、「ケイパビリティーズ・アプローチ」と呼ばれるもので、それは非常に簡単な問いから始まる。人々は実際に何をすることができ、何になることができるのか?人々にどのような真の機会があるのか? この問いは単純だが、複雑でもある。というのも、人間の生活の質は複数の要素を含み、それらの相互関係は綿密な検討を要するからである。実際、この新しいアプローチの魅力のひとつはその複雑さにあり、人間の生活や努力の複雑さに十分に対応できるように見える。結局、この問いは、人々が日常生活で頻繁に自らに問いかけているものである。

この新しいパラダイムは、世界銀行から国連開発計画(UNDP)まで、厚生(welfare)を議論する国際機関への影響力を次第に強めてきた。また、一九九〇年からUNDPが毎年発表している『人間開発報告書』の影響を通じて、いまや現代のほとんどの国にも影響を及ぼし、それぞれの国のさまざまな地域や集団の福祉(well-being)についてケイパビリティに基づく独自の調査が行われるようになっている。現在、このような報告書を定期的に作成していない国はほとんどない。(アメリカでさえ二〇〇八年にその仲間に加わった。)また、『アラブ人間開発報告書』のような地域版の報告書もある。さらに、HDCA(人間開発とケイパビリティ学会)には、八〇カ国から約七〇〇名の会員が参加し、人間開発とケイパビリティ・アプローチが重要な貢献をなし、また貢献することが可能な幅広いテーマについて質の高い研究を推進している。最近では、経済活動と社会進歩の測定に関するサルコジ委員会の報告書に大きな影響を与えている。

影響力が増しつつあるケイパビリティ・アプローチについては、これまで主に専門家向けの難解な論文や本で説明されてきた。一般の読者や学部生向け授業の教員からは、このテーマに関するもっとわかりやすい本はないのか、という嘆きが繰り返し聞かれた。本書はこの溝を埋めることを目的としており、このアプローチの鍵となる要素を明確にし、ライバルとなるアプローチと比較して評価できるようにする。とくに、人間の生活という物語的な文脈にこのアプローチを位置づけ、それは人間の生活について政策立案者たちが気づくことにどのような違いをもたらすのか、ひいては、知的エリートの偏見を単に反映するのではなく、現実の人々に敬意を示し、力を与えるような意味のある介入を構築する政策能力にどのような違いをもたらすのかを示す。

人々の生活の質を改善するには、賢明な政策の選択と多くの個人による献身的な行動が必要になる。とすると、このテーマに関する理論的な本（どれほど物語的な詳細にこだわっているとしても）を書く必要はないと思われるかもしれない。しかし、理論は私たちの世界の大きな部分を占めており、問題の見方の枠組みを作り、重要な認識を形成し、そして議論を特定の政策に向かわせることになる。賢明な活動家は権力の回廊においてほとんど影響力を持たない。後述するように、この分野の政策選択を歴史的に導いてきた有力な理論には深刻な誤りがあり、広く共有された人間的価値（平等の尊重や尊厳の尊重など）の観点では間違った選択をするよう、開発政策を誘導してきた。政策選択を正しい方向に導きたいなら、定着してしまった誤った理論に対抗する理論が必要である。そのような対抗理論は、開発の世界を新たな方法で描き出し、私たちの優先事項は何であるべきかについて異なるイメージを示すはずである。人類の差し迫った課題と正当化できない人間の不平等の時代にあって、ケイパビリティ・アプローチこそ私たちが必要とする対抗理論である。

第1章　正義を求める女性

世界中で、人々は人間の尊厳にふさわしい生き方を求めて奮闘している。各国のリーダーたちは自国の経済成長に注目するが、国民は別のもの、つまり自分にとって意味のある生き方を求めている。GDPの増加は必ずしも人々の生活の質を改善してこなかった。国の繁栄を示す報告が、不平等や剝奪に苦しむ人々を慰める可能性は低い。そうした人々に必要なのは、彼らの奮闘を助けるか、せめてこうした問題に注目を集めて公共の討論を喚起する理論的アプローチであって、彼らの奮闘を隠蔽したり、議論や批判を抑え込んだりするアプローチではない。国連開発計画の『人間開発報告書』を創刊したパキスタンの経済学者、故マブブ・ウル・ハクは、報告書の創刊号（一九九〇年）で次のように書いた。「国の真の富は人々である。そして、開発の目的は、人々が健康で創造的で長生きできるような環境を創り出すことである。この単純ながら強力な真実は、物質的・金銭的な富を追求するあまり、忘れられがちである」。ハクによると、人々の最も差し迫った課題に応える開発経済学は、新しい理論的アプローチを必要としている。

三〇代前半の小柄な女性バサンティのことを考えてみよう。彼女は北西インドにあるグジャラート州の大都市アーメダバードに住んでいる。バサンティの夫は賭博と酒に目がなかった。彼は家族の金で酒を買い、その金がなくなると、グジャラート州政府が提供する不妊手術奨励金をもらうため、精管切除手術を受けた。そのため、バサンティには助けてくれる子どもがいなかった。子どものいない女性は家庭内暴力（DV）を受けやすいことを考えると、これは大きなマイナスだった。結局、夫による虐待がひどくなると、彼女は夫のもとを去り、実家に戻った。

貧しい親（親が亡くなっている場合は兄弟姉妹）は、結婚した子、とくに持参金を持って出ていった娘が戻ってくるのを喜ばないことが多い。子を家に受け入れると、扶養家族が一人増え、新たな不安を抱えることになる。バサンティの場合、夫が離婚を認めたがらなかったため、離婚は高くつくことになった。幸いなことに、家族は喜んで彼女を支援した。彼女のような立場にある多くの女性は路頭に迷い、性労働以外に選択肢はなくなる。かつてシンガー・ミシンの部品を作っていたバサンティの父はすでに亡くなっていたが、彼女の兄弟が父の作業場跡で自動車部品のビジネスをしていた。バサンティは作業場に住み込み、父の古い器械を使ってサリーのトップスのフック用の穴を開ける仕事でわずかな収入を稼いでいた。一方、兄弟はサリーの端を巻く器械を買うための金を貸してくれた。彼女はその金を受け取ったが、兄弟に頼ることは望まなかった。彼らは結婚して子どもがおり、いつ支援が打ち切られるかわからなかったからだ。

バサンティは、アーメダバードで貧しい女性のために活動する画期的な非政府組織（ＮＧＯ）である自営女性協会（ＳＥＷＡ）を見つけた。国際的に著名な活動家、エラ・バットが設立したＳＥＷＡは、マイクロクレジット（少額融資）、教育、医療、労働組合などのプログラムによって、五万人を超える会員をすでに支援していた。インドの他の一部の州とは異なり、グジャラート州は成長志向の政策を採用し、最も貧しい住民のニーズを満たすために多くの資源を投入することはなかった。法的支援、医療、融資、教育など、バサンティを助けたかもしれない政府のプログラムは見当たらなかった。幸運だったのは、インドで最も優れたＮＧＯのひとつがたまたま彼女の家の近くにあったことだ。
ＳＥＷＡの支援によってバサンティは自分で銀行からローンを借り、兄弟に返済することができた（質素な信用組合として始まったＳＥＷＡは、今ではアーメダバードの中心街で立派なオフィスビルを構えて銀行を運営している。この銀行の役員と従業員はすべて女性で、その多くがＳＥＷＡのプログラムの世話になっていた）。数年後、私が彼女に出会ったときには、彼女はＳＥＷＡの融資をほぼ全額返済していた。彼女にはＳＥＷＡの教育プログラムに参加する資格があり、読み書きを学び、社会的・経済的自立と政治参加の促進に必要な技能を身につける計画を立てていた。友人のコキラの力を借りて、彼女は地域の家庭内暴力をなくすための活動に積極的に取り組んでいた。この友情はＳＥＷＡがなければおそらくありえなかっただろう。バサンティは貧しかったが、高位カーストのバラモンの出身であるのに対し、コキラはより低位のカースト出身だったからである。カーストや宗教による分断はインド社会では今も顕著だが、インドの女性運動においては忌み嫌われる。

どのような理論的アプローチを採用すれば、バサンティの状況の最も重要な特徴に注意を向け、適切な分析を進め、行動のための適切な提言を行えるだろうか。仮に、経済理論や政治理論に関心はなく、人間だけに関心があるとしてみよう。そのとき、バサンティの話から何に気づき、何が重要だと考えるだろうか？

第一に、バサンティがいかに小柄であるかに気づき、それは子どもの頃の栄養不良の証拠であると考えるだろう。貧困家庭ではすべての子どもに粗末な食事を与えるしかないとしても、彼女の兄弟はどうだったのか尋ねてみたくなる。女の子は男の子よりも栄養状態が悪く、病気になっても医者に連れていってもらうことが少ないことを示す証拠は数多い。なぜか？　それは、女の子は男の子よりも雇用機会が少ないため、家族全体の福祉にとって重要性が低いと思われているからである。女の子が家で行う仕事はお金にならないため、その経済的重要性は見落とされがちである。さらに、インドの北部や西部では、娘は結婚すると家族を離れ、持参金を持って出ていく。そのため、女の子は男の子に比べてお金がかかり、親は自分が年老いたときにそばで面倒を見てくれない女の子になぜお金をかけるべきなのかと考えがちである。インドの北部や西部は次女の死亡率が高いことで悪名高い。バサンティの栄養不良は、単に貧困によるだけでなく、性差別の結果でもある。

財産や相続に関する不平等な法律がインドの娘たちを苦しめており、バサンティの人生を考えるのであれば、そのような法律が彼女の状況でどのような役割を果たしたかを考える必要がある。独立後のインドでは宗教に基づく身分法が存在し、財産、相続、そして家族法を規定している。すべてのシステムが女性にとって著しい不平等を制度化している。たとえば、一九八六年までキリスト教徒の女性は男性の四分の一しか相続できなかったが、この慣習は娘の価値を息子の価値よりも低いと見なすことに間違いなく寄与している。ヒンドゥー教徒の女性も、ヒンドゥーの財産法のもとで不平等に苦しんできた。女性が農地の平等な相続権を獲得したのは二〇〇五年のことであって、私がバサンティに会ってから七年後である。彼女の家族は土地を所有していないが、彼女の苦境を分析すれば、密接に関連する不平等に自然と気づくだろう。

こうした問題を考えると、インドの人口における顕著なジェンダー間の不釣り合いの研究に行き着く。人口統計学者の推計によると、栄養状態や医療水準に差がなければ、女性は男性よりも平均してわずかに長生きするため、男性一〇〇人に対して女性一〇二人の比率になると予想される。ところが、インドの最新の国勢調査では、男性一〇〇人に対して女性九二人の比率になっている。この数字は平均値である。南部では、財産は母系を通して相続され、夫が新婦を連れていくのではなく、新婦の家に夫が移り住む伝統があり、女性の基本的平均寿命は人口統計学者の予測と一致する。ケーララ州では男性一〇〇に対し女性一〇二の割合になっている。それとは対照的に北部では驚くほど不均衡な州がある。ビハール州の農村部のある地域で戸別調査を行ったところ、男性一〇〇に対して女性七五という驚くべき比率になった。よく知られているように、胎児の性別に関する情報を入手できる場所ではどこでも不均衡はさらに大きい。羊水穿刺《せんし》〔出生前診断〕を行う診療所は国内のいたるところにある。性別を選択するための中絶はインドでは広く行われて問題となっているため、胎児の性別の情報を求めることは法律で禁じられているが、こうした法律が実効性を持つことはめったにない。

したがって、バサンティは、生きていること自体がちょっとした幸運だった。彼女の家族は彼女に十分な栄養を与えなかったが、多くの貧しい家族よりはましだった。私が彼女に会ったとき、彼女はまずまず健康そうに見えた。彼女が丈夫な体を持っていたことは幸運だった。なぜなら、グジャラート州の貧困層が医療サービスにアクセスすることは容易ではないからだ。インド憲法は、医療は連邦ではなく州の課題としているため、貧困層が利用できる医療資源は州によって大きく異なる。たとえばケーララ州のような一部の州には有効な医療制度があるが、ほとんどの州にはそれがない。

つぎに気づくのは、バサンティのように聡明で意志の強い女性でも、読み書きができないために、雇用の選択肢がほとんどなかったという事実だろう。これは、グジャラート州の教育制度の失敗によると言える。なぜなら、医療と同様に教育は州の課題であり、識字率は州によって大きく異なるからである。ケーララ州では青年の識字率は男女ともに一〇〇パーセントに近いが、全国的には男性の識字率が七五・三パーセントであるのに対して、女性の識字率はわずか五三・七パーセントである〔二〇二一年の調査では男性八二・四パーセント、女性六五・八パーセント〕。この差を生む要因は、基本的な平均寿命や健康状態の性差を生む要因と関連している。女性には雇用や政治における選択肢が少ないと考えられているため、家族としては、家事労働を女の子にやらせ、男の子を学校に行かせるほうが合理的である。この予言は自己成就的である。なぜなら、読み書きができない女性は、ほとんどの雇用と多くの政治的機会から締め出されているからである。さらに、女の子は結婚すると生まれた実家を離れ、別の家族のところに行ってしまうという事実によって、両親は女の子の将来に関心を持たなくなる。ケーララ州はグジャラート州よりもこうした問題にうまく対処しているが、教育を受けた人々に雇用機会を創出するという点では実績に乏しい。

教育は機会を得るための非常に重要な手段であるため、二〇〇二年には初等・中等教育を法的強制力のある基本的権利とするようにインド憲法が改正された。インドの最高裁判所は、貧しい親が生き延びるために子どもの労働を必要として、学校を頻繁に休ませることを認識し、すべての学校に対して、三五〇キロカロリーと一八グラムのタンパク質を含む栄養価の高い昼食の提供を命じ、貧しい親に、子どもが学校に行くことで失われる賃金を上回る経済的インセンティブを与えようとした。バサンティはこの変更に間に合わなかったが、もし間に合っていたら、読み書きができ、身体的にもっと大きくなっていただろう。

他方、国のレベルでは、一九九二年に憲法が改正され、地方のパンチャーヤト（村議会）の議席の三分の一が女性に割り当てられることになった。この制度は、学校給食と同様、親が息子だけでなく娘も学校に行かせるインセンティブとなる。いつの日か、娘が地方政府に対して家族の利益を代表するようになるかもしれないからである。しかし、この変化もバサンティにとっては遅すぎた。なぜなら、それは彼女の両親の教育方針に影響を与えなかったからだ。しかし現在、バサンティは、SEWAが提供する成人教育プログラムを利用して、政治と雇用の両方に参加する可能性を高めることができる。

バサンティは正規の教育を受けなかったため、インドの歴史や政治経済構造を十分に理解していない（テレビや友人からニュースを知ることはできても、もっと包括的な情報を入手したり、興味のある問題を追究したりする能力には限界がある）。また、彼女は詩や小説や、人生をもっと豊かで楽しいものにする多くの創作品を楽しむこともできない。しかし、彼女は音楽や舞踊を知らないわけではなく、ＳＥＷＡはバサンティのような女性を教育するためにこれらのメディアを有効に活用している。

バサンティの物語の重要な問題は家庭内暴力である。その複雑な物語は、多くの分野における社会と政府の選択に関わっている。彼女の夫のアルコール依存症は、明らかに彼の暴力を助長した。インドのいくつかの州は、まさにこの理由から禁酒法を作った。しかし、これはあまり効果的な方法ではなかった。酒や薬物に関する教育プログラムや、質の高い治療やセラピーのほうが有効だったはずだが、グジャラート州は貧しい人々に対してそのいずれも提供しなかった。それとは対照的に、彼女の夫の精管切除手術を説明するのは、国の不作為ではなく作為である。貧しい人々にお金を渡して精管切除手術を受けさせることは、多くの理由により人口抑制の手段として優れたものではないが、なかでも女性の選択権を奪うことは深刻である。暴力そのものに関して、警察はバサンティの助けにはならなかったが、それは法の執行力が弱く、警官の訓練が不十分だった結果である。そのため、彼女の身体の不可侵性と健康はつねに危険にさらされ、彼女の尊厳は侵害された。

家庭内暴力について考えるときには、出口戦略と結婚生活における交渉力を考慮しなければならない。家を出ることができる女性は、暴力に耐える必要はない。もし女性に雇用機会や財産があるため家を出ることができるということを夫が知っていれば、女性が暴力を受ける可能性は少しは低くなる。ビナ・アガルワルの重要な研究によると、ある地域で家庭内暴力に苦しむ女性とそうでない女性がいることを説明する最も重要な要因は、土地所有権である。土地を所有している女性は離婚できるため、犠牲になる可能性が低く、離婚するとなれば大きな価値のあるものを持って出ていく。暴力的な夫に対抗する他の手段には、雇用、教育、動産、貯蓄がある。思いやりのある実家も出口戦略となる。バサンティの家族は、彼女が尊厳を失わずに夫と離婚し、仕事に就くという選択肢を与えた点で稀なケースだった。それにもかかわらず、離婚は難しく（法的手続きは時間を要し、腐敗で悪名高い）、彼女が完全に自立することは困難だった。

ＳＥＷＡの融資はその状況を一変させた。この組織は、バサンティに扶養家族としての地位とは無関係に支援を与えた。そのお金はたとえ兄弟たちの機嫌を損ねたとしても、彼女のものだった。この独立性が彼女の自尊心と選択能力を高めた。

家庭内暴力が身体の健康に与える影響は甚大だが、心の健康に与える影響も同様に壊滅的である。バサンティのような立場の女性は通常、恐れと、怒りの抑制の両方で非常に苦しむ。また、愛情や性表現の真の喜びを欠くことも多い。バサンティが夫と別れることを可能にした条件は、彼女の心の健康も改善し、兄弟との良好な関係も同様だった。ＳＥＷＡの融資は幸せへの扉をさらに開いた。バサンティは、コキラとの友情や、女性グループの中で尊敬され対等に扱われる経験を、明らかに楽しんでいる。

結婚していた頃、バサンティは暴力的な夫との非常に不平等な関係を除き、すべての人間関係から断ち切られていた。友人もなく、仕事もできず、政治にも参加しなかった。これは虐待を受けている女性の多くが経験している運命だが、カースト上、家庭の外で仕事を求めることが恥とされる女性にとくによく見られる。バサンティのような上位カーストの女性は、自由に出歩ける下位カーストの女性よりも不利になることが多い。バサンティは、愛情の源となるはずだった子どもを持つことさえできなかった。ＳＥＷＡのおかげで、彼女は政治に参加できるようになり、自分を対等な人間として尊敬してくれる友人のグループを作ることができた。彼女がＳＥＷＡの事務所に来て、見知らぬ人に自分の話をしたこと自体が、新しい開放性と好奇心の表れだった。彼女は自分の人生について話すことに興奮し、誇りを持っているように見えた。それにもかかわらず、バラモンの女性であるバサンティに開かれていた職場の選択肢は依然として非常に少なく、読み書きができないため政治活動への参加も限られている。

バサンティは政治の一分野で活動し、コキラと一緒に家庭内暴力を減らす活動に取り組んでいる。しかし、彼女が市民としての権利を知っているか、投票をするか、法制度の利用方法について何か知っているか、と問うこともできる。パンチャーヤトの（女性に議席を割り当てる）仕組みは、女性の政治参加と知識の向上に大きく貢献してきた。また、インドの貧困層は一般に選挙への参加率がきわめて高く、彼女も政治制度について少なくともある程度は理解しているだろう。しかし、読み書きの能力を欠き、正規の学校教育を受けていないため、彼女がさらに情報を得る能力は限られている。パンチャーヤトの調査では、読み書きのできない女性が公務に参加したり、尊敬を得たりするのは難しいことがわかっている。

SEWAは、これらすべての問題に共通する非常に基本的なテーマ、つまり女性が自分の人生をコントロールし、計画する能力に焦点を当てている。SEWAは、女性が単に受動的でもなく、他人に振り回される対象でもなく、他人の単なる駒や召使いでもないことを教える。女性は選択することができ、未来を計画することができる。これは、自律性を欠き、扶養される存在として育てられた女性にとって、非常に刺激的な考え方である。バサンティの場合、選択と独立こそ、SEWAの融資と兄弟からの借金との大きな違いだった。意思決定者としての新たな地位を得た喜びは、コキラ（彼女が選んだ、おそらくは最初の友人）との関係だけでなく、女性グループとの関係にも浸透しているようだった。

他に何か気づくことはあるだろうか？　バサンティの労働時間や一日のスケジュールについてはよくわからない。彼女に余暇の時間はあるのか？　ただ座って考えたり、何か美しいものを楽しんだり、友人とお茶を飲んだりすることはできるのか？　彼女はおしゃれを楽しんでいるようだ。彼女のサリーは鮮やかな青色で、インドの貧しい女性の多くと同様に、貧しさによって彼女の美的想像力が制限されることはない。彼女は遊びや余暇活動をある程度、楽しむことができるだろう。それは、社会がすべての市民に余暇を保証しているからではなく、彼女には子どもがおらず、義理の家族に対する責任もないからである。この悲しい物語の裏側として、彼女は少なくとも「ダブルデイ（二重負担の日）」は免れている。それは、過酷な仕事に加えて家事労働と子どもや高齢者の世話に全面的な責任を負うことであり、世界中の何百万人もの女性がこれを余儀なくされている。一般に、労働者、とくに女性労働者の余暇時間を確保することは、まともな社会を作るための重要な課題である。

遊びや楽しみについて考えたときに私が思ったのは、バサンティの離婚に決着がついたら、素敵な男性に出会うことに関心を持ち、おそらく再婚したいのではないかということだった。インドの女性運動で最も印象的な点のひとつは、西洋のロマンティックな観念がほとんどないことである。不幸な結婚生活に耐えてきた女性たちは、別の配偶者を探すことにほとんど興味を示さない。彼女たちは男性なしでも生きていけることを望んでおり、ＳＥＷＡの中心的な理想のひとつがガンジーの自給自足の概念であることを気に入っている。その考え方によると、インドが植民地支配者に対して自給自足を達成しなければ自尊心と自由を勝ち取れなかったように、女性も自らの植民地支配者、すなわち、男性への依存から脱却しなければ自尊心と自由を手にすることはできないのである。女性は男性なしで生きていけることを自尊心の証しとしている。こうした女性（同性愛を嫌悪していることが多く、レズビアンの関係になりにくい）は、人生の大きな楽しみのひとつを奪われているのではないかと思うかもしれない。彼女たちは本当に独身生活を選んでいるのだろうか、それとも、トラウマを抱えたり、栄養失調で疲弊したりするあまり、パートナーを探せないのだろうか。しかし、彼女たちが西洋のロマンスの観念について語り、女性グループとの連帯のほうを好むと言うとき、私たちは、ひとつの生き方（この場合、異性であれ同性であれ、ロマンティックなカップルとなること）がどこの女性にとっても最善であるとは限らないことを思い知らされる。

なかには、バサンティと周囲の自然環境との関係について尋ねたい人もいるかもしれない。環境は汚染されているか？　危険か？　環境問題について考え、それについて自分や他人のために選択する機会があるか？　多くの女性運動はエコロジー志向だが、ＳＥＷＡは違う。また、バサンティが住んでいる州もそうした問題にあまり取り組んでいない。そのため、おそらくバサンティには環境のことを積極的に考える機会がなく、彼女の健康は今まさに環境悪化（大気汚染、水質悪化など）による危険にさらされている。最も「自然」とされる生活を送っている女性こそ、最も危険にさらされやすい。というのも、多くの貧しい国で燃料として使われる牛糞は、呼吸器官にとって最も有害な汚染物質のひとつだからである。

これらのことは、バサンティの社会的背景をよく知っている、関心のある観察者や読者が彼女の状況について考えるときに頭に浮かぶことの少なくとも一部だろう。こうした問題のほとんどは、ＳＥＷＡやバサンティに近い人たちには重要だと認識されている。その多くはバサンティにとって最初から重要だった。彼女が自分の状況とその原因を知るにつれて、それまで気づいていなかった他の問題（たとえば、パンチャーヤト制度の役割や、子どもは十分な量のタンパク質を必要とすること）も彼女にとって重要になる。

いまや理解できるように、バサンティの状況のさまざまな側面は複雑な形で互いに絡み合っているが、それぞれが別個の課題でもあり、バサンティが自分にふさわしい人生を送るために個別に対処しなければならない。適切な公共政策は、彼女の経験のすべての面に影響を与えることができる。

バサンティの選択と行動のための機会と自由は、検討可能なさまざまな政策からどのような影響を受けるのだろうか？　状況の改善を意味する「開発」へのアプローチがそこに焦点を当てるのは理にかなっている。

残念ながら、世界中で使われている開発経済学の有力な理論的アプローチは、バサンティの闘いの味方ではない。それは、地元の活動家や関心を寄せる観察者のように彼女の境遇を「読む」ことはない。また、バサンティに理解できるように読むのでもなく、ましてや、他者と等しい権原(entitlements)を持つ尊厳ある人間として彼女を尊重するように読むこともない〔一般に「権利」が特定の行為を行える法的な力や資格を指すのに対して、「権原」はそうした力や資格を持つ根拠や理由を指す〕。そうしたアプローチは、(州や国にとって)うまくいくことを一人当たりＧＤＰの増加と同一視する。つまり、経済が成長しているときにのみグジャラート州が正しい政策を進めているのであり、他のインドの州との比較は、一人当たりＧＤＰだけを見て行うべきだということになる。

その数字がどんなに輝かしいものだったとしても、バサンティにとってはどんな意味があるだろうか。それは彼女の生活には届かないし、彼女の問題を解決するものでもない。グジャラート州のどこかで外国からの投資によって富が増えたとしても、彼女が手にするわけではない。彼女にとって、一人当たりのＧＤＰが順調に増えたと聞くことは、グジャラート州のどこかに彼女が見ることのできない美しい絵があると聞くようなものであり、食べることのできない美味しい料理を載せたテーブルがどこかにあると聞かされるようなものである。富の増加は、政府がバサンティの状況を変えるような政策を採用できたかもしれないという点で良いことである。しかし、それは起こらなかったし、驚くべきことではない。一般に、外国からの投資によって増えた富の恩恵は、まずエリートの手に渡る。それは単にGDPが分配を無視した平均の数字だからではない。サルコジ委員会の報告書が示すように、外国からの投資による利益は、平均世帯所得を上昇させないことが多い。こうして増えた富の恩恵は、現地のエリートが富の再分配政策に取り組まない限り、貧困層には届かず、とくに、雇用機会が男性よりもはるかに少ない貧しい女性には届かない。また、研究が示すように、州の直接行動がなければ、経済成長だけでは健康や教育の改善につながらない。つまり、バサンティにとって重要なことは標準的アプローチに含まれず、その唯一の焦点は彼女の生活に何の違いももたらさない。

したがって、標準的アプローチは、バサンティが地域の全般的繁栄の果実を享受できない理由に私たちを注目させることはない。それどころか、グジャラート州の生活の質を向上させる正しい方法は経済成長を目指すこと、そしてそれしかないと示唆することによって、彼女の問題から積極的に目をそらそうとする。

小説『ハード・タイムズ』でチャールズ・ディケンズは、子どもたちが標準的アプローチを教えられる教室を描いた。転校してきたばかりのサーカスの少女シシー・ジュープは、教室を国に見立てて、その国には「五〇〇〇万のお金」があると想像するように言われる。ここで教師は、「女子二〇番」（集合を重視するため、生徒には名前ではなく番号が付けられている）、「この国は栄えていて、あなたはうまくやっているのではないか？」と言う。シシーは泣き出して教室から飛び出す。そして、友人のルイーザに、質問に答えられなかったわけを話す。「だって、誰がお金を持っていて、そのうちいくらかでも私のものなのか、わからなかったんだもの。でも、そんなことは関係なかったの。まったく数字になっていなかったから」。

私たちに必要なのは、シシー・ジュープの問いに答えるようなアプローチ、つまり一人ひとりに開かれた機会の観点から達成を定義するようなアプローチだろう。そのようなアプローチは、まず現場に近いところから始めて、生活の話や、政策の変更が実際の人々にもたらす人間的な意味に注目するといい。広範な人々の状況に真に適した開発政策は、人間の生活の質に影響を与える多様な要因に目を向けるものであり、各領域で「人々（そして一人ひとり）が実際には何をすることができ、何になれるのか」を問うことを意味する。もちろん、開発のアプローチはどんなものでも集計の工夫を必要とするが、集計が適切な情報を提供するためには、どの項目を重視すべきかを慎重に問うことから始めなければいけない。

バサンティの物語の要素は、これから本書で提示する中心的ケイパビリティのリストと非常に密接な関係がある。そのため、バサンティの物語を語る私の語り口は循環論的で、私がそれらの特徴を選び出したのは、リストに何があるかを私がすでに知っていたからにすぎないように見えるかもしれない。しかし、何が重要であるかについて何らかの予感なしに、人生を見たり、物語を聞いたりすることはできない。それはプラトンの『メノン』で言及された「探求のパラドクス」である。何を探し求めているのかがまったくわかっていなければ、それを見つけることはけっしてないだろう。しかし、このパラドクスは必ずしも障害にはならない。重要なのは、探求が厳密であることではなく、新しい学びに開かれていることである。私はリストの枠組みを作る前に多くのことを学ぼうとした。バサンティのような物語は、そうした学びの経験の重要な側面であった（ただし、後述するように、私がリストを正当化する理由の一部ではない）。また、そのリストは最終的なものでもない。人間の尊厳に値する生活の重要な要素を欠いていることが経験によって示されるなら、リストはいつでも議論を受け入れ、作り直すことができる。私は長年にわたって多くの活動家と協力してきたが、彼女たちの経験豊かな目が、それぞれの社会において女性の生活には何が重要だと思っているかに気づくことで、自分の判断力を養おうとしてきたし、これからもそうし続ける。

最近では、ジョナサン・ウルフとアヴナー・デ・シャリットの実証研究により、私のリストにあるケイパビリティは、彼らが研究する（イスラエルとイギリスにおける）移民コミュニティで最も顕著に認められていることが確認された。物語を語ることはけっして中立的ではない。語り手はつねに世界のある一部の特徴に注意を向ける。しかし、私たちは、代替アプローチの構築に際して、真の好奇心と理論的柔軟性を主張すべきである。ケイパビリティ・アプローチは、こうした重要な長所を取り入れて、ＧＤＰアプローチの代替案となることを目指した。

ケイパビリティ・アプローチは、典型的には国際開発政策の文脈で精緻化され、生活の質の向上に苦闘する貧しい国々に焦点を当ててきた。最近では、豊かな国々が独自の人間開発報告書を作成し、そのデータは国連人間開発報告書事務局の報告書においてつねに重要であった。今でも、このアプローチは貧しい国々にしか適さないと考えられることがある。しかし、すべての国において、人間の尊厳にふさわしい生活を求める闘いがあり、平等と正義を求める闘いがある。バサンティの物語には、アメリカの識字率がインドよりも高いという理由でアメリカではあまり見られない特徴がいくつかある。しかし、アメリカの都市貧困地域の学校では機能的識字能力〔文字自体を読むだけではなく文章の意味内容を理解する能力〕さえ生徒に与えられないことが多く、より高等な教育においてはアクセスに関して驚くべき不平等が残っている。家庭内暴力は、おそらくアメリカでもインドと同様に一般的であることが調査で明らかになっており、問題に対する一般の認識が高まり、法曹活動家が努力しているにもかかわらず、家庭内暴力と闘う戦略は依然として不十分である。アメリカでは、医療や栄養における不平等が蔓延しており、国の莫大な富を考えると、この失敗は許しがたい。つまりは、人間開発の問題を抱え、十分な生活の質と最小限の正義のために闘っているという点では、すべての国が開発途上国なのである。すべての国が、現在のところ、一人ひとりの尊厳と機会を確保するという目的を達成できていない。そのため、ケイパビリティ・アプローチはすべての国に対して洞察を提供することができる。

第2章　中心的ケイパビリティ

私たちが本書で探究するアプローチは、人間開発アプローチと呼ばれることもあれば、ケイパビリティ・アプローチまたはケイパビリティーズ・アプローチと呼ばれることもある。これらの用語は組み合わせて使われることもあり、学術誌『人間開発とケイパビリティ』のような例もある（もともとは『人間開発』というタイトルだったが、HDCAの公式ジャーナルとしての新しい地位を反映して現在の名称になった）。ある程度、これらの名称は単なる用語の変形であって、多くの人はこれらを区別していない。重要な違いがあるとすれば、「人間開発アプローチ」は歴史的に、国連開発計画の人間開発報告局と、そこが毎年発行している人間開発報告書と関係している。これらの報告書は、ケイパビリティの概念を規範的政治理論の基礎としてではなく、比較のための尺度として用いている。アマルティア・センはこれらの枠組みを作る上で大きな知的役割を果たしたが、これらの報告書は、彼の（現実的で結果志向の）理論のすべての側面を取り入れているわけではない。それは体系的な経済理論や政治理論を発展させるよりも、開発と政策に関する議論の方向性を変えるような方法で比較情報を提示することだけを目的としている。

「ケイパビリティ・アプローチ」および「ケイパビリティーズ・アプローチ」は、センが『不平等の再検討』や『自由と経済開発』などの著作で提案した政治経済プログラムのキーワードである。その課題は、生活の質の比較を行うための最適な空間としてケイパビリティの枠組みを推奨し、なぜそれが功利主義やロールズ的なアプローチよりも優れているのかを示すことである。私は通常、複数形の「ケイパビリティーズ」を用いるが、それは人々の生活の質の最も重要な要素は複数あり、質的に異なることを強調するためである。健康、身体の不可侵性、教育、個人の生活のその他の側面を歪みなく単一の指標に還元することはできないのである。センもまた、このアプローチの鍵となる要素である多元性と非還元性という考え方を強調している。

私は少なくとも多くの文脈で「人間開発アプローチ」という用語よりも「ケイパビリティーズ・アプローチ」という用語を好む。なぜなら、人間だけでなく人間以外の動物のケイパビリティにも関心があるからである。このアプローチは、人間以外の動物と人間の両方のための正義（justice）と権原（entitlement）の理論の優れた基盤を提供する。センもこの関心を共有しているが、研究の中心には据えていない。

ケイパビリティ・アプローチ〔以下、複数性がとくに強調される場合を除いて単数形を用いる〕は、生活の質の比較評価と基本的な社会正義の理論化のためのアプローチと暫定的に定義することができる。そこで、社会を比較し、その基本的な適切さと正義を評価する際に鍵となる問いは、「人は何をすることができ、何になることができるか」である。言い換えると、このアプローチは、一人ひとりの**人を目的**とし、福祉（well-being）の合計や平均だけを問うのではなく、それぞれの人が利用できる機会について問う。**選択や自由に焦点を当て**、社会が人々のために促進すべき重要な善は一連の機会もしくは実質的な自由であると考えるが、人々はそれを行使して行動するかもしれないし、しないかもしれない。その選択は人々のものである。したがって、このアプローチは、人々が自己を定義する力の尊重にコミットする。このアプローチは、断固として**価値に関して多元**

論的である。つまり、人々にとって中心的なケイパビリティの達成は、量のみならず質においても異なる。それらを歪みなく単一の数量的尺度に還元することはできず、それらを理解し、生み出すための根本は、それぞれの具体的な性質を理解することである。最後に、このアプローチが**関心を寄せるのは、根深い社会的不正義と不平等**、とくに差別や疎外がもたらすケイパビリティの欠如である。このアプローチは**政府と公共政策に緊急の課題**を突きつける。すなわち、すべての人々の、ケイパビリティによって定義される生活の質の向上である。

以上がこのアプローチに必須の要素である。このアプローチは二つの異なる目的に使われてきたこともあり、(少なくとも)二つのバージョンがある。私自身のバージョンは、基本的社会正義の理論を構築するためにこのアプローチを利用するもので、その過程で他の概念(**人間の尊厳、閾値、政治的リベラリズム**)を付け加える。基本的な政治的権原の理論として、私のバージョンは**中心的ケイパビリティ**の具体的なリストも採用する。多くのよく知られた厚生理論と比べて、私のアプローチは控えめでもある。つまり、ケイパビリティに基づく私の正義論は、たとえ比較目的であっても、ある社会における生活の質の包括的な評価を控えている。なぜなら、私の理論における**政治的リベラリズム**は、価値を包括的に説明することをいっさい控えるように要求するからである。センの主な関心は、ケイパビリティが、生活の質を評価するための最適な比較空間であると特定し、開発の論争の方向を変えることであった。彼のアプローチは規範理論であり、(たとえば、性差別や人種差別に起因するケイパビリティ欠如の例に焦点を当てて)正義の問題に明らかに関心を寄せるものの、基本的な正義を明確に説明することはない。結果として、明らかにセンはいくつかのケイパビリティ（たとえば健康や教育）はとくに中心的であると考えているにもかかわらず、ケイパビリティの閾値や具体的リストを採用しない。また彼は、人間の尊厳という概念の重要性を認めるものの、中心的な理論的役割をこの概念に担わせることはない。同時に、センは、ケイパビリティという考え方を国の生活の質の包括的評価の基礎にすることができると提案しており、その意味で、私の政治的リベラリズムの意図的に限定した目的とは距離がある。

これらの違いは第4章でさらに検討するが、現時点では、このアプローチを、生活の質と基本的な正義の双方に関する一連の問いに対する比較的統一されたひとつのアプローチとして扱い続けることにする。バサンティの物語や状況で重要なことは、センと私のどちらであっても語ることができたであろうし、同じ本質的特徴が認識されただろう。ただし、センはそれらをリストとして定式化したり、最小限の社会正義を評価したりせず、代わりに生活の質の問題に焦点を当てることを選んだ。ここまで述べれば、このアプローチの共通の輪郭と指針となる概念に加えて、センの理論の中心には現れないものの、本章で定義しようとしている私独自のバージョンのいくつかの特定の概念に十分に注目してもらえただろう。

ケイパビリティとは何か？　それは、「この人は何を行うことができて、何になることができるか？」という問いに対する答えである。言い換えれば、それは、センの言う「実質的自由」であり、選択し、行動するための（通常は相互に関連する）機会の集合のことである。センのひとつの標準的定式化によると、「ある人の『ケイパビリティ』とは、その人が実現できる諸機能（functionings）のさまざまな組み合わせを指す。つまり、ケイパビリティとはある種の自由であり、さまざまな機能の組み合わせを達成するための実質的な自由である」。すなわち、ケイパビリティとは、個人の内にある能力（abilities）だけでなく、個人の能力と政治・社会・経済環境の組み合わせによって生み出される自由や機会のことである。ケイパビリティの複雑さを明確にするため、私はこの「実質的自由」を**結合ケイパビリティ**（combined capabilities）と呼ぶ。バサンティの結合ケイパビリティは、彼女に固有の政治・社会・経済状況で彼女が選択し、行動するための機会の総体である。

もちろん、個人の特性（性格特性、知性および感情的能力、身体の調子や健康状態、身についた学習成果、知覚や運動の技能）は、その人の「結合ケイパビリティ」と非常に関連が深いが、それらは結合ケイパビリティの個々の部分であり、区別するほうが役に立つ。私は個人のこうした状態を（固定的ではなく流動的かつ動的な）**内的ケイパビリティ**（internal capabilities）と呼ぶ。これらは生まれつき備わっているものとは区別されるべきで、ほとんどの場合、社会・経済・家庭・政治的環境との相互作用を通じて訓練され、開発される特性や能力である。そこには、バサンティが身につけた政治的スキルや裁縫の技能、あるいは新たに見出した自信や、以前の恐怖からの自由のような特徴が含まれる。人間の最も重要なケイパビリティを促進することを望む社会の一つの任務は、教育、身体的精神的健康を増進するための資源、家族のケアと愛情の支援、教育制度、そしてはるかに多くのことを通じて、内的ケイパビリティの発達を支援することである。

なぜ内的ケイパビリティを結合ケイパビリティから区別することが重要なのか。この区別は、まともな社会が抱える、重なり合うが別個の二つの課題に対応している。ある社会は、内的ケイパビリティを育成することに成功していながら、人々がそうしたケイパビリティに応じて活動する機会を実際に得られる道を断ち切っているかもしれない。多くの社会は、人々が政治問題について（内的に）自由に発言できるように教育しながら、実際には言論を抑圧して自由な表現を否定している。宗教を実践することが内的には自由にできる多くの人が、結合ケイパビリティの点ではその機会を持たない。なぜなら、宗教の自由な実践が政府によって保護されていないからである。政治への参加が内的には可能な多くの人が、結合ケイパビリティの点ではそうすることを選択できない。彼らは法的権利を持たない移民であるかもしれないし、何か他の形で参加から排除されているのかもしれない。また、（たとえば政府を批判するといった）内的ケイパビリティを実現できるような政治・社会的環境で生活している人が、批判的に考えたり、公の場で発言したりするための発達した能力を欠くこともありうる。

結合ケイパビリティは、内的ケイパビリティに加えて、機能が実際に選択されうる社会的・政治的・経済的条件を含むものと定義されるため、内的ケイパビリティを生み出さずに結合ケイパビリティを生み出す社会というものを考えることは概念的に不可能である。しかし、選択を可能にする状況を多くの分野でうまく作り出していながら、市民を教育せず、知力の発達を促そうとしない社会を想像することはできる。インドのいくつかの州はそうであり、参加したい人には開かれているが、参加を可能にする基礎的医療や教育の提供はひどい状況にある。ここでは、ケイパビリティの用語を使えば、内的ケイパビリティも結合ケイパビリティも存在しなかったと言えるが、その社会は少なくともある点では正しいことをしたと言うことができる（もちろん、こうした社会では結合ケイパビリティを持っている人が多くいるが、貧しい人や疎外された人はそうではない）。バサンティのグジャラート州は、インドの他の州と同様に、政治参加率が高く、すべての人に政治的ケイパビリティを拡大するという点では成功している（ここでは、実際の機能〔高い政治参加率〕からケイパビリティの存在を推測していることに注意する必要がある。実証的に別の方法をとることは困難だと思われるが、概念的には、ある人が問題なく投票できたにもかかわらず、投票しないことを選ぶ可能性があるということを忘れてはならない）。グジャラート州は、貧困層、女性、宗教的少数派の人々に対して教育、適切な情報、自信といった関連する内的ケイパビリティを促進することに関して同様に成功しているわけではない。

内的ケイパビリティと結合ケイパビリティの区別は明確ではない。というのも、通常、人は何らかの機能によって内的ケイパビリティを獲得し、それは機能する機会がなければ失われるかもしれないからである。しかし、この区別は社会の成果と欠点を診断するための便利な方法である。

内的ケイパビリティは、生まれつき備わっているものではない。しかし、生まれつき備わっているものという考え方は人間開発アプローチにおいて重要な役割を果たす。結局のところ、「人間開発」という言葉は、人間がこの世界に持ち込んだ力を開き、発達させることを示唆している。歴史的に、このアプローチはアリストテレスに始まって、西洋ではジョン・スチュアート・ミルに至るまで、インドではラビンドラナート・タゴールに至るまで、人間の開花（flourishing）や自己実現に焦点を当てる哲学的見解の影響を受けている。そして、このアプローチは、浪費や飢餓という直観的アイデアを多くの方法で利用して、ケイパビリティの開発を阻む社会の何が問題なのかを示している。アダム・スミスは、教育の欠如は「人間の本性の本質的な部分を損傷し、変形してしまう」と書いた。これはケイパビリティの構想の背景にある重要な直観的アイデアを捉えている。よって、育まれたものであれ、そうでないものであれ、そうした生まれつきの力について語る方法が必要になり、そのために私たちは**基本的ケイパビリティ**という用語を使うことにする。現在わかっているように、基本的ケイパビリティの発達はDNAに組み込まれているわけではなく、母親の栄養状態や出生前の経験が、その開発や形成に一役買っている。その意味で、子が生まれた後でさえ、私たちは、純粋な潜在的可能性ではなく、すでに環境に条件付けられた非常に初期の内的ケイパビリティを扱っていることになる。それでも、このカテゴリーは、私たちが誤解しない限り、有用である。基本的ケイパビリティとは、個人の後の発達や訓練を可能にする、生まれつきの能力のことである。

基本的ケイパビリティの概念の利用には細心の注意が必要である。というのも、人々の政治的・社会的権原は生まれつきの知能や技能に比例すべきであるというような理論を容易に想像できるからである。ケイパビリティ・アプローチはそのような主張をしない。むしろ、国のすべての人の政治目標は同じでなくてはならないと主張する。すわなち、押し付けられる機能ではなく、選択し行動する実質的自由という意味で、すべての人が一定の閾値以上の結合ケイパビリティを達成すべきである。これこそが、すべての人を平等に尊重することの意味である。よって、人々の基本的ケイパビリティに対する姿勢は、能力主義的なもの（生まれつき能力の高い人が優遇されるというもの）ではなく、どちらかといえば、逆である。閾値を超えるためにより多くの助けを必要とする人ほど、より多くの助けを得るべきである。認知機能に障がいのある人の場合、目標は「普通」の人と同じケイパビリティを持つことでなければならない。ただし、そうした機会の一部は代理人によって行使される必要があるかもしれないし、本人が十分な選択のケイパビリティを自力で開発できない場合には、代理人が内的ケイパビリティの一部を提供することもあるだろう。たとえば、本人が選択できないとしても、本人のために投票するということはありうる。一つの限界は、本人が人間の両親の子で、少なくとも何らかの能動的な努力ができなければならないことである。永久に植物状態にある人や無脳症の人は、この理論のもとでは平等な政治的権原を得る資格がない。しかし、基本的ケイパビリティという概念は、教育を考えるうえでは依然として適切である。子どもに生まれつき認知障がいがある場合には、特別な介入が正当化されるのである。

ケイパビリティの反対側にあるのが**機能**（functioning）である。機能とは、ひとつあるいは複数のケイパビリティが能動的に実現されたものである。機能は、特別に活動的である必要はなく、ある批評家が言うように「筋肉質」である必要もない。健康を享受することはひとつの機能であり、芝生に静かに横になることも機能である。機能とは、ケイパビリティから生まれたり、実現したりする状態・存在（beings）や行為（doings）のことである。

ケイパビリティと機能を対比させる際には、ケイパビリティが選択の機会を意味することを念頭に置く必要がある。**選択の自由**という概念が、ケイパビリティという概念に組み込まれているのである。センの例を用いると、飢えている人と断食をしている人は、栄養に関しては同じタイプの機能を持っているが、ケイパビリティは同じではない。なぜなら、断食をする人は断食をしないことができるが、飢えている人には選択の余地がないからである。

ある意味で、ケイパビリティの重要性は、それが機能にどのようにつながる可能性があるのかということにある。仮に人々がいかなる仕方でもまったく機能することがないとしたら、人々に多くのケイパビリティをもたらす社会が良い社会だというのは奇妙に思えるだろう。ケイパビリティがまったく利用されることなく、人々が一生眠り続けているとしたら、ケイパビリティは無意味で無益なものであろう。そのような限定的な意味で、機能という概念は、ケイパビリティの概念に終着点を提供する。しかし、ケイパビリティは、自由と選択の領域として、それ自体で独自の価値を持つ。ケイパビリティを促進することは、自由の領域を促進することであり、これは人々をある仕方で機能させることと同じではない。このように、ケイパビリティ・アプローチは、選択肢の集合の真の価値をそこから得られる最善の価値で測る経済学の伝統からは離れている。選択肢は自由を意味し、自由は本質的な価値を持つ。

このことを否定する政治的見解もある。政府がすべきことは、人々に健康な生活を送らせ、価値ある活動を行わせ、宗教を実践させることなどであると主張する。私たちはこれを否定する。機能ではなくケイパビリティこそが適切な政治目標である。なぜなら、そうすることで人間が自由を行使する余地が残されるからである。健康を増進する政策と、健康のケイパビリティを増進する政策との間には道徳的に大きな違いがある。前者ではなく後者が、個人の生活様式の選択を尊重する。ケイパビリティを重視することは、さまざまな宗教的・世俗的な人生観の多元性の尊重という課題と、(第4章で定義される) 政治的リベラリズムの考え方に結びついている。

子どもの場合はもちろん異なる。子どもに (義務教育におけるように) 特定の種類の機能を要求することは、大人のケイパビリティへの必要な前段階として擁護することができる。

ケイパビリティ・アプローチを利用する人の一部は、少数の分野で、政府はケイパビリティだけではなく機能を促進する資格があると考える。たとえば、リチャード・アーネソンは、健康の分野で機能を重視する家父長主義的政策を擁護してきた。政府はその力を利用して人々に健康な生活様式を採用させるべきだと主張する。センと私は、選択することの価値を高く評価するため、この立場には同意しない。ただ一点、例外がある。政府は、人々が敬意を払われ、屈辱的な扱いを受けないという選択肢を人々に与えるべきではないと私は考える。たとえば、アメリカ政府が国民全員に一ペニーを与えて、国民はそれを返すことを選択すれば敬意ある扱いを「購入」できるとしよう。しかし、その人がペニー硬貨を返さないことを選んだ場合、政府はその人を辱めるとする。これは受け入れられない。政府はすべての人を敬意をもって扱うべきであり、辱めることを拒否すべきである。私がこの例外を設けるのは、ケイパビリティ全体のリストを作成するうえで、尊厳と敬意という概念が中心的役割を果たすからである。同様に、奴隷制は、たとえ多数によって支持されたとしても、また自発的契約による場合でさえも、禁止されるべきだということに、このアプローチの利用者のほぼ全員が同意するだろう。

納得できる意見の相違が見られるもう一つの分野は、一部またはすべてのケイパビリティを破壊するように見えることを行う権利である。自分の臓器を売ることは許されるべきだろうか？　ハードドラッグ〔中毒性の高い薬物〕を使用することは？　危険を伴うさまざまなスポーツへの参加は？　通常、私たちはそうした分野で妥協しているが、これらの妥協は必ずしも理にかなうものではない。たとえば、きわめて破壊的な薬物であるアルコールは合法だが、マリファナは大部分が違法である。私たちは、安全のためにほとんどのスポーツを規制しているが、安全のためにどの分野の自由を取り除くことが理にかなうかについて、組織だった公開討論を行っていない。私たちが確実に同意できることは、子どものケイパビリティの破壊がとくに重大な問題であり、禁止されるべきだということである。他の場合、納得できる安全規制が妥当だと思われるが、例外は、ある選択肢の排除（グローブなしのボクシングなど）によって、人々の命が人間の尊厳と両立しなくなるほど深刻に自由が侵害されるということが討論の結果として明らかになった場合である。通常、状況はそれほど深刻ではないので、多くの場合、このアプローチはほとんど言うべきことはなく、政治過程を通じた問題解決に任せている。

この点は、関連するきわめて重要な問題、すなわち、どのケイパビリティが最も重要なのかという問題に目を向ければさらに鮮明になる。ケイパビリティ・アプローチは、この価値判断の問題を隠すのではなく、中心に据える。これはケイパビリティ・アプローチの魅力的な特徴の一つである。他のアプローチは、つねに価値の問題について何らかの立場を採用するが、明示的な説明や議論を示さないことが多い。センと私は、この問題に正面から向き合い、適切な規範的議論で対処することが重要であると考えている。

センは価値判断の問題に対して、強調、事例の選択、含意に訴える立場をとるが、体系的な答えのようなものは出そうとしない。この点は第4章で再び取り上げる。ケイパビリティのアイデアを単に比較の枠組みとして使っている限り、彼が体系的な答えを出そうとしないことは理にかなっている。しかし、民主主義と正義の理論を構築するためにケイパビリティのアイデアを用いているとしたら、彼が実質的内容へのコミットメントを避けることが賢明かどうかはあまり明らかではない。規範的な法律や公共政策の目的のためにケイパビリティのアイデアを使う場合は、必ず最終的には実質的内容についてある立場をとらなくてはならない。たとえば、あるケイパビリティは重要であるが、他のものはそれほど重要ではなく、ケイパビリティには良いものもあれば、悪いもの（さえ）もあると言わなければならない。

基本的ケイパビリティの考え方に立ち返ると、この点を理解する助けとなるだろう。人間は多くの「行為と状態（doings and beings）」（センがよく使う言葉）のための素質とともにこの世に生まれてくるが、私たちはどれを成熟したケイパビリティに発展させる価値があるかを自問しなければいけない。アダム・スミスは、教育を与えられなかった子どもたちの人間としての力は「損傷し、変形している」と述べた。その代わりに、残酷さや他人を辱める能力が家庭や社会における発達の過程で奪われ、妨げられた子どもを想像してほしい。たとえこのような能力が生まれつきの人間本性に根ざしていると認めたとしても、そのような子どもを「損傷し、変形している」とはいわないだろう。また、ある子どもは逆立ちして「ヤンキー・ドゥードゥル・ダンディ」〔一九四二年公開のアメリカのミュージカル映画〕を口笛で吹けるように一度も教わらなかった、と聞いたらどうだろうか。私たちは、この子どもの人間としての力が「損傷し、変形している」とはいわないだろう。なぜなら、問題のケイパビリティは、（残酷さの能力とは異なり）悪いものでないばかりか、おそらく人間の本性に根ざすとしても、それほど重要ではないからである。

ケイパビリティ・アプローチは、人間の本性とは何かを問う理論ではなく、生まれつきの人間の本性から規範を読み取ることはしない。むしろ、このアプローチは最初から評価を行う倫理的なものであり、次のように問いかける。人間が能力を発達させて行うことのできる多くのものごとのなかで、本当に価値のあるものはどれか、最小限の正義にかなう社会が育み支える努力をすべきものはどれか、と。人間の本性についての説明は、私たちにはどんな資源や可能性があり、どんな困難があるかを教えてくれる。しかし、それは何を評価すべきかは教えてくれない。

人間以外の動物は人間よりも柔軟性に欠け、痛い思いをしなければ有害な能力を抑制することを学べないかもしれない。また、動物の命は私たちのものとは異なるため、「読み解く」ことも難しい。動物の実際の能力を観察し、それぞれの種とその生活形態についての優れた記述理論を手にすれば、動物のケイパビリティに関する規範理論を作り出す際に、人間の場合よりも当然、大きな役割を果たすだろう。それでも、困難かもしれないが、規範的な実践はきわめて重要である。

注目したいケイパビリティの選択をどのように始めればよいだろうか。これは目的に大きく依存する。一方で、単に比較を意図するだけなら、あらゆる種類のケイパビリティが、国や地域を越えた興味深い比較を示唆し、事前に規定する理由はない。新しい問題が新しい比較を示唆するだろう。他方で、社会正義を目指す国において憲法や公共政策の基礎を提供できる政治原理を確立すること（あるいは国際共同体の目標を提案すること）が目的の場合、選択がきわめて重要になる。しかし、ケイパビリティの概念だけを用いて選択することはできない。「ケイパビリティ・アプローチ」という名前は、単一の概念だけを使い、それからすべてを絞り出そうとするものだと解釈されてはならない。

ここで私は、人間の尊厳（dignity）と、尊厳に値する人生という概念、あるいは、他の動物種を考える場合には、その種にふさわしい尊厳という概念を提起したい。尊厳というのは直観的な概念であり、けっして単純明快ではない。それを、まるで完全に自明であるかのように単独で使用すると、恣意的で一貫性を欠く可能性がある。よって、あたかもそれを直観的に自明で強固な基礎として、その上に理論を構築することは間違いであろう。私のアプローチはそのようなことはしない。尊厳は理論の一要素であるが、理論のすべての概念は互いに結びつき、光を当て、明瞭にし合うと見なされる（この全体論的で基礎づけをしないタイプの正当化の考え方は、第4章で詳しく説明する）。尊厳の場合、尊重（敬意）（respect）という概念がとくに重要な関連概念であり、政治原理自体が、私たちは人間の尊厳（とその欠如）ということで何を意味するかを明らかにする。しかし、基本的な考え方は、ある生活環境では人々は人間の尊厳に値する生活を送れるが、そうでない生活環境もあるということである。後者の状況では人々は尊厳を維持するが、それはまだ請求が履行されていない約束手形のようなものである。マーティン・ルーサー・キング・ジュニアは、国の理想に内在する約束について次のように述べた。尊厳は「『資金不足』と書かれて戻ってきた小切手」のようなものだろう。

尊厳は漠然とした考え方であり、関連する諸概念のネットワークの中に位置づけられて内容を与えられる必要があるが、それは実際に違いをもたらすものである。尊厳への注目は、たとえば、満足への注目とはまったく異なる。重度の認知障がいを持つ人の教育をめぐる議論について考えてみよう。こうした人たちの多くは、教育を受けて発達することがなくても、満足を得ることはできるだろう。公立学校をそうした人たちに開放することになった裁判では、重要な局面で、尊厳という概念が用いられた。ダウン症の子どもに適切な教育を通して知力を発達させることができなければ、その子の尊厳にふさわしい扱いをしているとはいえない。さらに、広範な分野で、尊厳に注目すれば、人々を子ども扱いして、恩恵を受ける受動的存在として扱うのではなく、主体性を守り、支えるような政策選択を導くことになるだろう。

人間の尊厳の要求が否定される方法は数多いが、それらはすべて、内的ケイパビリティと結合ケイパビリティの概念に対応して、二つにまとめることができる。社会、政治、家庭、経済状況は、人々が発達した内的ケイパビリティにしたがって機能するという選択を妨げるかもしれない。この種の妨害は投獄にたとえることができる。しかし、劣悪な状況はさらに深刻な影響をもたらす可能性があり、内的ケイパビリティの発達を妨げたり、歪めたりする。どちらの場合も、基本的な人間の尊厳は保たれ、その人は依然として平等に尊重される価値がある。しかし、前者の〔内的ケイパビリティが阻害される〕場合、尊厳の侵害はより深刻である。レイプと単純な強盗の違いを考えてみよう。どちらも人を傷つけるが、その人の平等な人間の尊厳を奪うものではない。しかし、レイプは女性の尊厳を侵害するといえる。なぜなら、女性の思考と感情という内面に侵入し、彼女の自分自身との向き合い方を変えてしまうからである。

尊厳という概念は、能動的努力という考え方と密接に関連している。つまり、基本的ケイパビリティという概念に非常に近い。それは、その人に固有のもので、発展させられるべきものであると主張する。しかし、持って生まれた潜在的可能性が人によって異なるかどうかについては議論の余地があるものの、人間の尊厳は、そもそも、主体性のあるすべての人において最初から平等である（ここでも、永久植物状態や無脳症のためにいかなる意味でも主体性を持たない人は除外する）。つまり、すべての人が法律や制度によって平等に尊重されるに値する。人々を市民と考えるならば、すべての市民の要求は平等である。平等はこの時点で理論の原初的な位置を占めているが、その役割は理論の他の部分との整合性によって確認される。尊厳の平等を前提としても、中心的な重要性を持つケイパビリティをすべて平等にすべきだということにはならない。人々を平等な存在として扱うことは、必ずしもすべての人の生活条件を平等にすることを意味しない。人々を平等な存在として扱うことが何を要求するかという問題は、後の段階で、別個の議論とともに対処すべきものである。

よって、一般に、私のケイパビリティ・アプローチの焦点は、人間の尊厳に値する人生に欠かせないほど中心的な自由の領域の保護にある。ある自由がそれほど中心的でない場合、それは通常の政治過程に委ねられることになる。ときには、ある特定のケイパビリティが中心的なものであることが明らかな場合もある。たとえば、初等中等教育の重要性については、世界的な意見の一致が見られるようになっている。同じく明らかだと思われるのは、逆立ちして「ヤンキー・ドゥードゥル・ダンディ」を口笛で吹く能力が中心的な重要性を持たず、特別な水準の保護には値しないということである。多くの問題は長い間はっきりしないかもしれない。たとえば、女性が夫との性交を拒否する権利が、身体の不可侵性の重要な権利であることは、何世紀にもわたって理解されてこなかった。ここで必要なのは、討論が行われることであり、ある自由が人間の尊厳の考え方に含まれていることを示すために各人が議論を展開することである。これは、尊厳という概念に漠然と直観的に訴えてできることではない。そのためには、想定されている権原と他の既存の権原との関係をじっくり詳細に議論しなければならない。たとえば、家庭内での身体の不可侵性と、市民や労働者としての女性の完全な平等や、精神や身体の健康などとの関係を示すことである。しかし、曖昧な問題も数多いだろう。重婚の権利はどうだろうか。ホームスクーリング〔学校に通わない在宅教育〕の権利は？　ケイパビリティ・アプローチは、人々の既存の選好（さまざまな形で歪んでいる可能性がある）から価値を引き出さないので、議論の支持者の数ではなく、議論の質が肝要となる。しかし、このアプローチでは多くの事柄が任意とされ、政治過程によって決められることは明らかである。

人々が動き、活動する生のさまざまな領域を考慮して、この社会正義へのアプローチは問う。「人間の尊厳に値する生は何を必要とするか？」と。最低でも、一〇個の「中心的ケイパビリティ」の十分な閾値水準が必要である。政府の任務として広く共有されている理解（すなわち、政府の仕事は、人々が尊厳ある最低限度の豊かな生き方を追求できるようにすることだという理解）を前提とすると、まともな政治的秩序は、すべての市民に以下の一〇の中心的ケイパビリティに関して少なくとも閾値水準を保障すべきであるということになる。

1　**生命**　通常の長さの人生をまっとうできること。早死にしたり、人生が生きるに値しなくなる前に死んだりしないこと。

2　**身体の健康**　良好な健康状態でいられること。これは生殖（妊娠や出産）に関する健康を含む。適切な栄養状態を保てること。適切な住居に住めること。

3　**身体の不可侵性**　場所を自由に移動できること。性的暴行や家庭内暴力（ＤＶ）を含む暴力的攻撃を受ける恐れがないこと。性的満足の機会と生殖に関する選択の機会があること。

4　**感覚、想像力、思考**　感覚を用い、想像し、思考し、推論することができること。そして、これらを「真に人間的」に、つまり、適切な教育（読み書きと基礎的な数学・科学の訓練を含むが、それらに限定されない）によって、十分な情報に基づき洗練された仕方でできること。想像力と思考を用いて、自らが選択した宗教・文学・音楽などの作品や行事を経験し、創作できること。政治的・芸術的発言に関する表現の自由と、宗教的実践の自由が保障された状態で、自らの精神を活用できること。楽しい経験をすることができ、無益な痛みを避けられること。

5　**感情**　自分自身以外のものや人々に愛着を持てること。私たちを愛し、気にかけてくれる人を愛せること。そうした人の不在を悲しむことができること。一般に、愛すること、嘆き悲しむこと、憧れや感謝や正当な怒りを経験できること。自らの感情の発達が恐怖と不安によって妨げられないこと（このケイパビリティを支えることは、そうした感情の発達において著しく重要であることを示せる、さまざまな形の人間のつながりを支えることを意味する）。

6 **実践理性** 善の構想を形成し、自らの人生計画に関する批判的省察を行えること（これは良心の自由と宗教的遵守の保護を伴う）。

7 **連帯** （A）他者とともに、そして他者に向かって生きることができること。他の人間を認め、関心を示せること。さまざまな形の社会的交流に参加できること。他者の状況を想像できること（このケイパビリティの保護は、そうした形の連帯を構成し、育む制度の保護、さらに集会および政治的発言の自由の保護を意味する）。（B）自尊心を持ち、屈辱を受けないための社会的基盤を持つこと。他者と価値の等しい尊厳ある存在として扱われることができること。これは、人種、性別、性的指向、民族、カースト、宗教、国籍に基づく差別を禁止する規定を伴う。

8 **他の種** 動物、植物、自然界に配慮し、それらと関わりながら共生できること。

9 **遊び** 笑い、遊び、娯楽活動を楽しめること。

10　**自分の環境のコントロール**　（A）政治的：自分の生を左右する政治的選択に効果的に参加できること。政治参加の権利、言論および結社の自由の保護があること。（B）物質的：財産（土地と動産の双方）を保有できること。他者と平等な立場で所有権を持つこと。他者と平等な立場で求職する権利を持つこと。不当な捜索および押収を受けない自由があること。仕事において、人間として働き、実践理性を行使し、他の労働者と相互に承認し合う有意義な関係を築くことができること。

このリストは人間の生に関するものであるが、見出し部分は人間以外の動物に対して私たちが負っているもの（最終章で追究するテーマ）をより適切に考え始めるための適切な基礎を提供する。ケイパビリティは何よりもまず個人に属するものであり、集団への帰属は派生的なものでしかない。このアプローチは、**各人を目的とする**という原則を掲げる。目標は、一人ひとりのケイパビリティを生み出すことであって、一部の人を他の人や全体のケイパビリティの手段として利用することではない。このように個人に焦点を当てることは、政策に大きな違いをもたらす。というのも、これまで多くの国は、たとえば家族というものを政策で支援すべき均質な単位と考えて、家族構成員の個別のケイパビリティを吟味し促進してこなかったからである。ときには集団ベースの政策（たとえばアファーマティブ・アクション）が個人のケイパビリティを生み出すための有効な手段となることもあるが、これがそうした政策を正当化できる唯一の根拠である。人々は民族集団、州、国家などのより大きな集合体と自己を重ね合わせ、その集団の成果を誇りに思うことがあるという明白な事実を指摘しても、規範的な焦点を個人から外すことはできない。グジャラート州の貧しい住民の多くは、たとえ自分自身はあまり恩恵を受けていないとしても、州全体の開発の成果に共感を示す。しかし、ケイパビリティ・アプローチは、一人ひとりを平等に尊重し敬意を払う価値があると考える。たとえ人々が必ずしも自分自身についてそのような見方をしないとしてもである。このアプローチは、既存の選好の満足に基づくものではない。

中心的ケイパビリティの還元不可能な異質性はきわめて重要である。国は、ひとつのケイパビリティの必要を、別のケイパビリティを多く与えたり、あるいはお金を与えたりすることで満たせるわけではない。すべてのケイパビリティが独自性を持ち、それぞれ独自の方法で保障され、保護される必要がある。すべての市民の本質的な権利としてケイパビリティを保護する憲法を考えれば、これが実際にどのように機能するかがわかる。憲法で信教の自由が保護されていて、その自由が侵害された場合、たとえ人々は快適で、十分に食べているとしても、また他のあらゆる重要なケイパビリティが保障されているとしても、政府に対して要求することができる。

私の社会正義の基本的主張を述べよう。人間の尊厳を尊重するということは、市民が上記の一〇の分野のすべてにおいて、ケイパビリティの十分な（特定の）閾値を超えていることを求める（市民という言葉を使うが、私は合法・非合法を問わず居住外国人がさまざまな権原を持っていることを否定したいわけではない。私はただ中心となるケースから始めているにすぎない）。

このリストはひとつの提案であって、異議を唱えることは可能であり、リストのうち一つまたは複数の項目はそれほど中心的なものではないため、特別に保護するのではなく通常の政治過程に委ねるべきだと主張することができる。たとえば、なぜ遊びや余暇がその種の保護を受けるべきなのか、だれかが尋ねたとしよう。私はまず、世界中の多くの女性にとって、「ダブルデイ」、つまり仕事をして家に帰り、育児や高齢者介護を含む家事労働をすべてこなすことは過重な負担であって、雇用機会、政治参加、身体的・精神的健康、多種多様な交友関係など、リストにある他の多くのケイパビリティへのアクセスを妨げているということを指摘したい。遊びや想像力の自由な広がりが人間の生にもたらすものは、価値ある人間の生のための単なる手段ではなく、それを構成する部分である。何かをリストに載せるためには、このような根拠が必要になる。

社会状況によっては、あらゆる人に一〇のすべてのケイパビリティの閾値を提供することができないように見えることもあるだろう。複数のケイパビリティが競合しているかもしれない。たとえば、バサンティの州の貧しい親たちは、子どもが稼ぐ賃金で何とか生きているので、子どもを学校に通わせられないと感じるかもしれない。このような場合、経済学者の自然な問いは「どのように妥協するのか」である。しかし、ケイパビリティが（私のリストにある一〇の項目のように）固有の価値と重要性を持つ場合、二つのケイパビリティが衝突したときに生じる状況は悲劇的である。どのような道を選んでも、誰かに悪いことをしていることになる。

このような**悲劇的選択**の状況は、標準的な費用便益分析では十分に捉えられない。基本的正義に基づく権原の侵害は、単に大きな費用というだけではない。それは独特な種類の費用であって、十分に正義にかなう社会では誰も負担してはならないものである。

センによると、こうした悲劇的状況は、標準的な経済的アプローチの欠陥を示す。経済的アプローチは通常、あらゆる社会状態の完備な〔比較不可能という状況が生じない〕順序を求める。しかし、悲劇的な事例では、ある選択肢を他の選択肢の上位に置くことはできず、したがって、いかなるまともな順序も不完備のままであると彼は主張する。ここに彼の批判と私の批判の間のニュアンスの違いがある。私は、すべての悲劇的状況で、ある状況を他の状況よりも良いと順位を付けることができないわけではないと考える。私たちは、（どのような選択も不正を伴う）悲劇的ジレンマの存在と順序付けができないこととを区別すべきである。たとえ可能な選択肢のすべてが何らかの侵害を伴うとしても、悲劇的状況において、ある選択肢のほうが他の選択肢よりも明らかに良いこともあるだろう（アイスキュロスの戯曲『テーバイ攻めの七将』に登場する悲劇の英雄エテオクレスにとって、兄を殺すという選択は恐ろしい間違いであったが、市全体の破壊をもたらすもうひとつの選択肢は明らかにもっと悪かった）。完備の順序を求めるのは誤りであるとした点で、おそらくセンは正しいが、すべての悲劇的ジレンマにおいて全体的な順序を得ることができないと主張するなら、彼は間違っている。

各ケイパビリティの閾値が正しく設定されていると仮定したうえで、私たちは悲劇的選択を目にしたとき、こう考えるべきである。「これは非常にまずい。人々は人間の尊厳にふさわしい生を与えられていない。すべてのケイパビリティの要求が満たされるような未来に向けて、私たちはどのように働きかけることができるだろうか？」リスト全体が賢明に作成され、閾値が妥当な水準に設定されていれば、通常はこの問いに何らかの答えがあるだろう。インドに話を戻すと、貧しい親たちが直面していたジレンマは、ケーララ州によって解決された。ケーララ州は、学校の授業時間を柔軟に変更するプログラムを先駆的に導入し、また子どもたちの失われた賃金を相殺する以上の栄養価の高い昼食を提供した。このプログラムは、州の非識字率をほぼゼロにした。比較的貧しい州でも創意工夫と努力によってこの問題を解決できると判断したインドの最高裁判所は、国内のすべての公立学校に昼食の提供を義務づけた。

こうした悲劇的選択は、より豊かな国にもあふれている。たとえば、アメリカに住む貧しいシングルマザーは、子どものための質の高いケアかまともな生活水準のいずれかの選択を迫られることが多いかもしれない。というのも、質の高いケアが利用可能でない場合でもフルタイムの仕事を受け入れなければならないという福祉規定があるからだ。アメリカでは多くの女性が、子どもや高齢者のケアをするために雇用機会を放棄せざるをえない。育児や介護サービスの公的提供とともに、家族休暇や医療休暇の政策によってそうしたジレンマに対処できるかもしれない。アメリカでよく見られる悲劇的選択は、余暇とまともな生活水準（および関連する医療給付）との間に生じる。アメリカ人が他の多くの豊かな国の人々よりも長時間働くことは広く知られており、その結果、家族関係が損なわれていることも理解されているが、この悲劇的状況の十分な対策はまだ講じられていない。ケイパビリティの視点は、何が問題なのかを理解する助けになる。

言い換えれば、悲劇的衝突を目にして、私たちはただ心を痛めるだけではいけない。人々がその種の選択に直面することのない未来を創造するために、最善の介入策は何なのかを問う。たとえ人々がケイパビリティの閾値を直ちに超えることはできなくても、それにすぐに近づく方法も考えなければならない。たとえば、すべての人に中等教育を受けさせることがまだできない状況でも、初等教育へのアクセスを平等にすることなどである。

中心的ケイパビリティは、さまざまな仕方で互いを支え合う。しかし、そのうちの二つのケイパビリティは、他のケイパビリティを組織し、それらに浸透するという、独特の**構造的**役割を果たしているように見える。その二つとは**連帯**と**実践理性**である。この二つが他のケイパビリティに浸透するというのは、他のケイパビリティが人間の尊厳にふさわしい形で存在するとき、二つはそれらに織り込まれるという意味である。人々の栄養状態が良くても、健康や栄養に関して実践理性を発揮したり計画したりする力がなければ、その状況は人間の尊厳に十分に見合うとは言えない。この場合、人々は、私たちが乳幼児をケアするような仕方でケアされているだけである。それぞれのケイパビリティの分野における良い政策とは、個人の実践理性を尊重する政策である。これは、自由としてのケイパビリティという概念全体における選択の中心性を別の方法で暗示しているにすぎない。実践理性のケイパビリティは他のすべてを組織するということの意味はもっと明白である。自分の人生を計画する機会は、他のさまざまなケイパビリティに対応する機能を選択し、秩序づける機会なのである。

連帯についても、要点は同様である。それが他のケイパビリティに浸透するとは、他のケイパビリティが人間の尊厳を尊重する形になっているとき、連帯はその一部になっており、人は社会的存在として尊重されているということである。職場の人間関係を考慮せずに雇用の選択肢を提供することは適切ではないだろう。また、たとえば、個人のプライバシーの規定によって人々は親密圏を守る必要があるということを無視するような医療ケアも不適切であろう。連帯がケイパビリティを組織するというのは、公共政策に関する評議（熟議）が社会的な問題であり、そこでは多種多様な関係（家族、友人、集団、政治）のすべてが構造的な役割を果たすということである。

リストにあるケイパビリティはかなり抽象的である。誰がケイパビリティをさらに具体化するのか？　ほとんどの場合、答えは、各国の憲法体系か、成文憲法がない場合は憲法体系の基本原則によって与えられる。伝統や歴史の違いによって、各国がある程度、ケイパビリティを異なる仕方で精緻化する余地はある。国際社会には、すべての人々に責任を持って具体化を行うような包括的政府が存在しないため、具体化をめぐって特異な問題が生じる。

すでに見てきたように、ケイパビリティ・リストの概念には閾値という考え方が含まれている。このアプローチは、私のバージョンでは、社会正義の部分的な理論であって、すべての分配問題を解決すると称するわけではなく、かなり高い水準の社会的ミニマム（最低限度）を特定するのみである。これら一〇のケイパビリティをすべての市民に提供することが、社会正義の必要条件である。

正義はもっと多くのものを要求するかもしれない。たとえば、これまでに開発されたアプローチは、ミニマムを超える水準での不平等をどう扱うかについては何もコミットしていない。社会正義を追求する多くのアプローチは、閾値が高いだけでは不十分だと考える。なかには厳密な平等を要求するものもある。ジョン・ロールズは、不平等を正当化できるのは、それが最も不遇な人々の状態を向上させる場合のみであると主張する。ケイパビリティ・アプローチはこれらの問題に答えたとは言えないが、将来的に取り組むかもしれない。

しかし、場合によって、閾値は平等を求める。難しい問題は、ケイパビリティの適切さがどの程度ケイパビリティの平等を求めるかである。このような問いに答えるには、各ケイパビリティについて詳しく考察し、平等な人間の尊厳を尊重することが何を求めるかを問うしかない。私はたとえば、平等な人間の尊厳を尊重するには、高めのミニマムだけではなく、平等な投票権と信教の自由に対する平等な権利が必要であると主張する。女性に男性の二分の一の投票権を与える制度は、明らかに敬意を欠くものである。少数派の宗教の信者に、ある程度の自由を与えても、多数派と同程度の自由は与えないような制度も同様に敬意を欠く（たとえば、キリスト教徒は、出勤日の取り決めにより、罰せられることなく祭日を祝うことができるが、ユダヤ人やセブンスデー・アドベンティスト〔キリスト教の教派〕は土曜日〔安息日〕の出勤を拒否すると解雇されるという制度は、正義の観点から見て明らかに問題があるだろう）。すべての政治的権原において、分配の不平等は、不平等な状況に置かれた人々の尊厳を侮辱するものであると私は主張する。同様に、ある国の一部の子どもたちの教育機会が他の子どもたちと比べて明らかに不平等な場合、すべての子どもが最低限度を超える教育を受けていても、基本的な公平性の問題を提起していると思われる。これは、サーグッド・マーシャル判事〔一九〇八年〜一九九三年。アフリカ系アメリカ人初の合衆国最高裁判所判事〕がテキサス州の公立学校に関する訴訟で主張したことが知られている。平等か、それに近いものが、適切さのために要求されることがある。

しかし、同じことが物質的条件の領域における権原にも当てはまるとは限らない。きちんとした広い住宅があればおそらく十分であろう。人間の尊厳のために、皆がまったく同じタイプの住宅に住む必要があるかは不明である。そのような信念を抱くのは、所有物への過度な執着かもしれない。この問題全体に、さらなる検討が必要である。

閾値の正確な設定は各国の問題であり、一定の範囲内であれば、各国の歴史や伝統に沿って個別に設定することは理にかなう。なかには非常に難しいまま残る問題もあるだろう。そのような場合、ケイパビリティ・アプローチは、何を重視すべきかは教えてくれるが、最終的なウェイト付け（優先度）や明快な意思決定を示すことはない（たとえば、このアプローチは、妊娠中絶の権利の輪郭を定めるものではないが、この対立を生じる問題を議論する際に何を考えるべきかは教えてくれる）。閾値を決めるレベルにおいてさえ、うまく機能している民主主義の通常の政治過程が、当然のことながら、不可欠の役割を果たすのである。

閾値という考え方でもう一つ問題になるのが、空想主義である。極端な場合、現状ではどの国も達成できないほど高い閾値を設定するかもしれない。悲劇的な（ケイパビリティの）衝突があちこちで生じ、創意工夫や努力をしても解決できないだろう。その対極にあるのは、野心の欠如である。閾値を非常に低く設定するため、超えるのは簡単だが、人間の尊厳に必要と思われるものに及ばない。憲法制定者（より頻繁には、抽象的な憲法を解釈する裁判所や法律を提案する立法者）の課題は、意欲的ではあっても空想的ではない水準を選択して、国が創意工夫を凝らして改善するように挑戦することである。

これをどのように行うかについては、多くの問題が残されている。たとえば、各国の経済的資源はそもそも非常に異なるが、閾値はどの国でも同じであるべきか。そうではないと言うことは、まったく偶然に貧しい国に生まれた人に失礼であると思われる。逆に、そうだと言うなら、豊かな国々から貧しい国々への再分配を通じて、各国が少なくとも部分的に義務を果たす必要があるだろう。しかしそれもあまりに独裁的で、各国の歴史や状況に応じていくらか異なる具体化を行う権利を否定することになりかねない。

近年、ケイパビリティ・アプローチは、ジョナサン・ウルフとアヴナー・デ・シャリットの重要な著書『不利（*Disadvantage*）』によって補強された。彼らは一〇の中心的ケイパビリティのリストを支持し、還元不可能な質の異なる善の存在を認める強力な議論を展開したのに加えて、ケイパビリティ・アプローチの理論的装置を強化するいくつかの新しい概念を導入している。ひとつめは、**ケイパビリティの保障**である。彼らの説得力ある主張によると、公共政策は人々にケイパビリティを与えるだけでなく、将来も頼りにできるような形で与えなければならない。バサンティのことを考えてみよう。彼女は兄弟から借金していたとき、健康や雇用に関連するケイパビリティをある程度、持っていたが、それらは保障されていなかった。というのも、兄弟がいつでも返済を求めたり、彼女を家から追い出したりできたからである。SEWAの融資は彼女に保障を与えた。きちんと働いている限り、彼女は返済することができ、いくらかの貯金をすることさえ可能だった。

ウルフとデ・シャリットは、それぞれの国（イギリスとイスラエル）の新しい移民集団と協力して、これらの人々がリストにあるすべてのケイパビリティを享受できるためには、将来についての保障が圧倒的に重要であることを発見した（保障の安心感は「感情の健康」のケイパビリティの一側面であるが、彼らは感情と妥当な期待の双方を問題にしている。ケイパビリティの保障は客観的な問題であって、実際には保障されていないのに政府が人々を騙して保障されていると信じ込ませたとしても、それは保障されたことにはならない）。保障の観点からは、各ケイパビリティが市場の気まぐれや権力政治からどの程度、保護されているかを問わなければならない。各国がケイパビリティの保障を促進するためによくとる方法の一つは、成文憲法を通じるものであるが、それは手間がかかり、超（圧倒的）多数による手続きを経なければ改正できない。しかし、憲法はそれ自体で強制力を持つものではなく、憲法が保障に貢献するのは、裁判所への適切なアクセスと、裁判官の行動に対する信頼の裏付けがある場合のみである。

ケイパビリティの保障について考えると、政治的手続きや政治構造について考えたくなる。どのような形態の政治組織が保障を促進するのか。裁判所はどのくらいの権限を持つべきで、その役割はどのように組織されるべきか。また、立法府はどのように組織され、どのような投票手続きを採用すべきか、そして政治過程を混乱させる利益集団やロビー団体の力をどのように抑制することができるか。市民のケイパビリティを促進するために、行政機関や専門家の知識はどのような役割を果たすのか。ケイパビリティ・アプローチではまだ十分に検討されていないこれらの問題は、最終章で取り上げることにする。

ウルフとデ・シャリットは、さらに二つのきわめて興味深い概念を導入している。それは、**肥沃な機能と腐食性の不利**である。肥沃な機能とは、関連する他のケイパビリティを促進する傾向を持つものである（この時点で彼らは機能とケイパビリティをあまり明確に区別しておらず、理論的な明晰さよりも頭韻法〔fertile（肥沃な）もfunctioning（機能）も『ファ』の音で始まる〕が優先されたのではないかと思われる）。彼らは、連帯は肥沃な機能であり、多くの分野でケイパビリティの形成を支えるともっともらしく主張する（彼らが本当に意味しているのは、よい効果をもたらすのは連帯に関連する機能だということなのか、それとも連帯を形成するケイパビリティだということなのか。これは彼らの分析では十分に明確ではない）。肥沃な機能には多くの種類があり、どの機能（またはケイパビリティ）が肥沃なのかは、状況によって異なる可能性がある。バサンティの話では、ローンへのアクセスが肥沃なケイパビリティであることがわかる。なぜなら、ローンのおかげで、彼女は身体の不可侵性を守ることができ（暴力的な夫のもとに戻らずにすんだ）、雇用の選択肢を持ち、政治に参加し、精神状態がよいという感覚を持ち、価値ある連帯を形成し、自尊心を高めることができたからである。他の状況では、教育が肥沃な機能の役割を果たし、すべてにわたって多くの種類の選択肢を切り開く。土地の所有権が肥沃な機能の役割を果たすこともあり、女性を家庭内暴力から守り、家を出るという選択肢を与え、女性の地位を全般的に向上させる。腐食性の不利は、肥沃なケイパビリティの裏返しであり、生活の他の分野にとくに大きな影響を与える剥奪である。バサンティの話では、家庭内暴力を受けたことが腐食性の不利であった。身体の不可侵性が守られなかったことで、彼女の健康、感情面の福祉、連帯、実践理性、そして間違いなく他のケイパビリティも危険にさらされたのである。

肥沃なケイパビリティや機能と腐食性の不利を探すのは、公共政策のための最善の介入策を特定するためである。それぞれのケイパビリティに独自の重要性があり、すべての市民が一〇のケイパビリティすべてで閾値を超えなくてはならない。しかし、ケイパビリティのなかには正当な理由で優先されるものもあり、優先の理由の一つは、問題となっている項目の肥沃さや、腐食性の不利を取り除く傾向であろう。この考え方は悲劇的選択について考えるときに役立つ。というのも、多くの場合、悲劇のない未来を準備する最善の方法は、とくに肥沃な機能を選択し、それに稀少な資源を投入することだからである。

第3章　対抗する理論の必要性

開発経済学は単にひとつの学問分野であるのみならず、私たちの世界に広範な影響を与えている。この分野に君臨する理論は、政治指導者や政策立案者の選択に影響を与える。直接的には、彼らがこうした理論を理解することを通じて、また間接的には、経済学者から、そしてＩＭＦや世界銀行などの国際機関から得る助言を通じてである。開発経済学の支配的理論は、世界銀行やＩＭＦの政策にかなり依存している貧困国にとくに強い影響を与えるが、支配的理論が生活に与える影響はあらゆる場所に及ぶ。実際、各国が生活の質の向上を計画したり、それを達成したと主張したりするときには、支配的理論が体現する考え方が用いられている。こうした支配的なモデルに対抗する必要性は、国際的に意識されてきた。事実、非常に豊かな国であるフランスは、（ケイパビリティ・アプローチの影響を強く受けて）生活の質の測定に関して、影響力の大きな再検討を始めた。それはサルコジ委員会として知られるようになり、委員会の分析に使用されたデータの多くは豊かな国のものである。開発の理論について考えるということは、すべての国の人々が目指しているもの、すなわち、まともな生活の質について考えるということである。

ＧＤＰアプローチ

長い間、開発経済学に君臨するモデルは、一人当たりＧＤＰで測定される経済成長を見ることで国の進歩を測っていた。このアプローチには利点があった。ＧＤＰは比較的容易に測定できるのでである。というのも、財やサービスの貨幣価値は異なる種類の量の比較を可能にするからである。さらに、ＧＤＰには透明性という魅力があり、各国が自国をよく見せるためにデータをごまかすことが難しい。また、経済成長は少なくとも正しい方向への歩みであり、国や地域の相対的な達成度を示す少なくともひとつの指標と見なすことは妥当であると思われる。さらに、多くの開発実践者は、一九八〇年代から九〇年代にかけて一般的であった、いわゆるトリクルダウン理論の強い影響を受けていた。その理論は、経済成長の恩恵は、たとえ貧困層のために直接的な行動がとられなくても、必ず彼らの生活を改善すると示唆するものであった。

その理論は、これまで多くの点で疑わしいことが示されてきた。たとえば、ジャン・ドレーズとアマルティア・センが行ったインド諸州の比較研究（これらの州は一連の政治制度を共有しているが、成長や健康・教育の面ではまったく異なる政策を追求してきたため、とくに適切な研究対象である）は、経済成長が健康と教育のような重要な分野で生活の質を自動的に改善するわけではないことを示した。他のデータ、たとえば過去六〇年間のインドと中国の比較は、ＧＤＰの増加と政治的自由の出現や安定性との間には相関関係がないことを示している。インドはＧＤＰの点では中国にはるかに及ばないが、きわめて安定的な民主主義国であり、基本的自由がよく守られている。中国はそうではない。さらに、『人間開発報告書』に掲載されているデータによると、教育と寿命を考慮した人間開発指数（ＨＤＩ）に基づく国別順位は、平均（一人当たり）ＧＤＰだけによる順位とは異なる。たとえば、アメリカはＧＤＰでは第一位であるが、ＨＤＩでは第一二位に後退し、他の特定のケイパビリティではさらに低くなっている。しかし、一九八〇年代にはこうした事実は知られていなかったため、ＧＤＰ理論は、相対的な生活の質を測る方法として、今では考えられないほど説得力のあるものに見えた。貧困層の状況や医療と教育の質に真の関心を持つ人々でさえそう思っていた。

開発は規範的な概念である。それは、ものごとがよくなっていることを意味するということ、あるいは意味しなければならないということである。よって、一人当たりＧＤＰで国に順位を付けるということは、上位の国の人々がよりよくやっていて、人々の生活がよりうまくいっているということを示唆していた。ときにはその含意が明示され、平均ＧＤＰがその国の生活の質の尺度とされた。国や地域をこのように見ることの問題点は今では明らかになっているはずだが、それでもなお、それらをはっきりと述べることができる。

第一に、たとえ生活の質を狭義の貨幣価値で測定することにコミットし、さらに、分布を見ずに単一の平均値だけを使うことにコミットするとしても、一人当たりＧＤＰが最も興味深い観念であるということはまったく自明ではない。サルコジ委員会の報告書が示唆するように、平均実質家計所得のほうが人々の実際の生活水準に強く関連していて、ＧＤＰの増加は平均家計所得の増加とはあまり相関していないように見える。とくに、グローバル化した世界では、利潤は外国の投資家の本国に送り返されて、自国民の購買力に寄与しないかもしれない。さらに、ＧＤＰはネット（純）ではなくグロス（総）の指標であるため、資本財の減価償却を考慮しない。よって、最低でも、Ｇ

ＤＰの利用者は、国レベルの他の指標も重要であること、とくに家計の視点を考慮する必要があることを認識すべきである。サルコジ委員会も主張するように、この点を認めるなら、さらに検討を進めなければならない説得的な理由がある。市場で評価されない家事労働の価値も考慮しなければならない。というのも、家事労働は本来ならば市場で購入しなければならない財やサービスの代わりだからである。しかし、この価値は現在の平均家計所得の指標でも把握されていない。最も単純な経済のレベルにおいてさえ、ＧＤＰはますます論争の的となっており、簡単にとって代われる単一の指標はまだ現れていない。

第二に、ＧＤＰアプローチや国の平均値に基づく同様のアプローチは、分配を考慮せず、甚大な不平等を抱える国に高い評価を与え、そうした国が正しい道を歩んでいると示唆する可能性がある。アパルトヘイト下の南アフリカは、巨大な不平等を抱えていたが、かつては発展途上国のリストの最上位に躍り出ていた。豊富な資産があり、富の量は膨大なので、それを国民の数で割ると、よい比率になるのである。当然のことながら、この比率では、富がどこにあるのか、誰がそれを支配しているのか、富を支配していない人たちに何が起こっているのか、といったことはわからない。

ＧＤＰアプローチは、貧困層の生活の質に目を向けないだけでなく、南アフリカの例が強力に示唆している問題を問うこともない。人口のなかに、人種、宗教、民族、ジェンダーなど、とくに疎外され、剝奪されている集団がいるのではないか？

第三に、ＧＤＰアプローチは、生活の構成要素を集計し、ひとつの数値が生活の質について必要なことをすべて教えてくれると示唆するが、実際にはそれは適切な情報をもたらさない。それは、健康、長寿、教育、身体の安全、政治的権利とアクセス、環境の質、雇用機会、余暇時間、その他の事柄など、互いに異なり、相関性の低い人間の生活の側面をひとつにまとめてしまう。たとえ南アフリカの全国民が、GDPの平均値で示される量の富を持っていたとしても、その数字では、上記の多様な分野における国民の状況はわからない。平均GDPが近い国々であっても、医療制度の質、公教育の質、政治的権利や自由の状況は大きく異なりうる（そのため、GDPモデルは無批判な中国崇拝を助長したことがある。経済成長があれほど着実なのだから、状況はかなりよいはずだというのである）。もちろん、そうした相違は、先に述べた力の格差によってしばしば増大される。たとえ多数派と少数派の富と所得が等しいと仮定しても（通常はそうではない）、信教の自由、政治的アクセス、暴力からの安全は非常に不平等であるかもしれない。

GDPアプローチは、分配の問題、政治的自由の重要性、少数派の従属の可能性、注目すべき生活の個別の側面に光を当てないため、こうした緊急の問題から注意をそらし、平均GDPが改善したら、その国は順調に「発展している」と示唆することになる。

たとえGDPが他のケイパビリティの優れた代理指標になるとしても、それはせいぜい代理指標に過ぎず、何が本当に重要なのかを教えてくれない。重要な事柄というのは検討の対象であり、直接、検討するのが妥当であろう。目的を特定すること自体に政策的効果があり、人間にとって真に重要なものはGDPではなく別のところにあることを強く意識させる。

功利主義アプローチ

適切さの点でGDPよりもましなのは、総効用か平均効用によってある国の生活の質を測る、別のよくある経済的アプローチである。ここで効用とは選好（preferences）の満足と理解される（このアプローチの起源は政治哲学にあり、より哲学的なバージョンは第4章で検討される）。この功利主義アプローチには、人々を気にかけるという利点がある。それは、人々が自らの生活に感じている気持ちの自己報告に基づいて生活の質を測定する。また、功利主義の創始者であるジェレミー・ベンサムの「各人は一人として数えられ、誰も一人以上に数えられることはない」という主張には大きな利点がある。つまり、たとえA氏が農民でB氏が王様であったとしても、A氏の満足とB氏の満足は同じように数えられる。それぞれが一票を与えられる。よって、この理論は潜在的にかなり民主的であり、既成の階層秩序にとっては急進的でさえある。これこそベンサムが意図したことである。功利主義は冷酷だ、または大企業と結託しているといって中傷する人は、その急進的な起源やコミットメントを誤って忘れていることが多い。

しかしながら、意図が良ければすべて良しというわけではない。国の生活の質を測る指標としての功利主義アプローチには四つの問題点があり、そのせいで、それは見た目ほど民主的ではなく、公共政策の指針としては誤解を招くものになっている。

第一に、ＧＤＰアプローチと同様、それは人々の生活を集計する。たとえ富ではなく満足に着目し、そのため（ＧＤＰアプローチとは違って）富をまったく持たない貧しい人を完全に無視するわけではないにしても、同様の問題がある。社会の底辺にいる少数の人々が非常に苦しんでいても、多くの人々がかなりうまくいっている限り、国としては非常に高い平均効用あるいは総効用を得ることができる。実際、その戦略が平均的な満足度を引き上げる限り、下層階級に非常に惨めな生活を強いることを正当化する。たとえ奴隷制や拷問が否定されるとしても、それは奴隷制や拷問が非効率的であるという不確かな経験的議論によってである。

第二に、再びＧＤＰアプローチと同様、功利主義アプローチは生活の要素を集計する。功利主義者が万能の尺度としてよく使うもうひとつの用語である「満足」という言葉は、「快楽」と同様に、単一性と通約可能性を示唆するが、現実の生活は多様性と通約不可能性を示唆する。おいしい食事を食べたときの満足感を考えてみよう。それは、困っている友人を助けたり、子どもを育てたり、悲痛だが心に深く響く音楽を聴いたりすることから得られる喜びや満足とどのように比べられるだろうか？　マーラーの交響曲第十番を聴く喜びと、アイスクリームを食べる喜びとを、どうやって同じ単位で比較するのだろうか？　そんな発想自体がおかしいと思われる。私たちは通常、そのような比較を行わない。人間の生活はさまざまな種類の喜びや満足を含むと私たちは考える。功利主義的な社会科学者が好んでする質問「あなたは自分の人生にどのくらい満足していますか」と問われたら、あなたはたとえば「そうですね、健康状態はいいし、仕事も順調ですが、友人の一人が病気で非常に心配しています」というように答えたくなるだろう。しかし、功利主義的な社会科学者は、そのような普通の複雑な人間の回答を許さない。彼らは、たったひとつの指標があり、人々はひとつの数字を選択しなければならないように調査の枠組みを決める。非常に多くの個人がそれでも質問に答えているという事実は、満足度を単一の尺度で測るという質問者の見解に同意していることを示すわけではない。何かを示しているとすれば、それは既知のこと、つまり、人々は権威に忠実だということである。権威ある人が質問票をある方法で作った場合、たとえそれがかなり粗雑に見えても、私たちはそれに従うしかない。結局のところ、質問の枠組みに反対して回答しない人は、結果に数えられることはない。

要するに、功利主義アプローチは、人々を気にかけているように見えるが、それほど深く気にかけるわけではなく、単一尺度にこだわるため、人々が生活においてどのように価値を求め、見出すかということの多くを覆い隠してしまう。ベンサムは故意に無慈悲で配慮に欠けていたわけではないが、想像力が限られていた。彼の弟子ジョン・スチュアート・ミルが、偉大なエッセイ「ベンサム」で述べているように、「人間の本性の最も自然で最も強い感情が多くあるなかでも、彼は共感を持たなかった。人間の本性の深刻な経験の多くから彼は完全に切り離されていた。そして、ひとつの心が異なる心を理解する能力は、想像力の欠如により、彼には備わっていなかった」。

ベンサム、ミル、そして多くの現代の功利主義経済学者（たとえばゲイリー・ベッカー）は、効用を喜びや満足といった実際の心理状態と同一視し、それは選択の背後にあって、選択とは独立に特定できると考えている。別の形の功利主義は、選好は選択に顕示されると考える。経済学におけるこれら二つの立場の間には、複雑で技術的な議論があるが、ここでは取り上げない。しかし、経済学におけるセンの重要な業績のひとつは、顕示選好アプローチには克服できない困難が伴うと示したことである。彼は「選択の内的整合性」に関する論文で、そのようにして得られた選好体系は、推移性のような合理性の基本公理にさえ従わないことを示した（もしAがBよりも好ましく、BがCよりも好ましいなら、推移性はAがCよりも好ましいとする）。この理由から、私の批判は選好功利主義のより強いバージョンとされるものに限定する。

功利主義アプローチが、私の第一および第二の批判にどのように応えるのかは想像できる。第一に対しては、社会的ミニマムの別の説明を採用し、第二に対しては、効用に複数の次元があることを認める。ジョン・スチュアート・ミルは第二の修正を行い、効用の質的な区別を提案した。センは「複数の効用」という重要な論文で、ミルの修正に従った。そしてミルは、少なくとも第一の点に応える手始めとして、政治的権利に対して、明らかに功利主義計算の枠外の安全な位置を与えたのである。

しかし、三つめの反論はより深刻で、効用基準から完全に離れることを要求する。センやヤン・エルスターによって有名になったこの反論は、選好や満足の社会的順応性に焦点を当てる。選好は不変ではなく、社会状況に応じて変化する。社会が何かを一部の人々の手には届かなくしてしまったとき、その人たちは通常それを欲しがらないようになる。彼らは、エルスターとセンが**適応的選**

好と呼ぶものを形成する。最初はある物を欲しがっていたものの、後になって適応が起こることもある。エルスターの著書『酸っぱい葡萄』というタイトルは、ブドウに手が届かないことを知ったキツネがブドウを酸っぱいと言い始める寓話からとられている。しかし、そもそも人々が物を欲しがらないこともある。なぜなら、そうした物が自らのジェンダー、人種、階級には禁じられているからである。家庭の外では働かず、学校教育をあまり受けないのが女性らしいというイメージで育てられた女性は、そうした物への欲求を形成しないことが多く、その結果、有効に利用できたはずの機会が否定されているにもかかわらず、自分の状態に満足していると報告することがある。他の疎外された集団も二流の地位をしばしば内面化する。功利主義アプローチは、社会目標を現実の選好の満足によって定義するため、どんなに不正義であってもしばしば現状を強化する。

適応的選好に関するセンの研究は、こうした生涯にわたる適応に焦点を当てている。センは、身体の健康でさえ、その良し悪しに対する人々の期待や報告には社会の期待が反映されていることを示している。配偶者を亡くしたベンガル地方の男女の健康報告を比較したところ、男性たちは不満だらけであった。結局、彼らは身の回りの世話をしてくれていた人を失ったのである。女性たちは、独立した医学的評価によれば実際にははるかに悪い状態にあったが、不満はほとんどなかった。結局、社会は彼女たちに、夫の死後も生き続ける権利はないと告げていたのである。

バサンティの人生がこうした問題を浮き彫りにする。というのも、読み書きができないことや政治参加から切り離されていることに彼女が不満を述べるようになったのは、ＳＥＷＡグループでの意識向上の経験によってこうしたケイパビリティの重要性を知り、自らを他者と等しい価値を持つ一個人と考えるように促された後のことだったからである。もちろん、彼女は家庭内暴力に適応したわけではなかったが、リストにある中心的ケイパビリティのいくつかを欠く生に順応していたのである。その価値に気づくようになるまでは。

第四の、そして最後の反論も強力である。私が説明してきた功利主義アプローチは、目標としての満足に焦点を当てる。満足は通常、活動の後に続く個人の状態と理解されている。それ自体は活動の一形態ではなく、関連する活動がなくても達成可能である。たとえば、ある人が、実際には何もしていないものの仕事をしたと信じ込まされたような場合でも、仕事がうまくいったと満足することはありうる。哲学者のロバート・ノージックは、「経験機械」というものを想像してこの点を明確にした。そのような装置につながれると、愛したり、働いたり、食べたりしているような幻想を抱き、それらの活動に伴う満足感を経験できるが、実際には何もしていないのである。ほとんどの人は経験機械を選ばないだろうとノージックは確信している。人々は多くの活動が挫折に終わることを事前に知っていたとしても、選択と活動のある生活を望むだろうと。彼の読者のほとんどが同意している。

要するに、功利主義アプローチは自由を過小評価している。自由は、満足を得るための手段として評価することが可能であり、この点で功利主義者とケイパビリティ理論家は意見が一致する。私たちも自由の手段的重要性を強調するからである。しかし、選択と行動の自由は、手段であると同時に目的でもあり、この側面を標準的な功利主義の立場では捉えられないのである。

バサンティのような人生では、選択と主体性の問題が大きなものとなる。女性は往々にして、自らの選択を尊重されるにふさわしい独立した人間としてではなく、受け身で従属する人（被扶養者）、世話をしてもらう（またはしてもらえない）生き物として扱われる。言い換えれば、しばしば子ども扱いされる。限られた範囲内で、満足は子どもにとって適切な目標であると私たちは考える。とはいえ、子どもには、たとえ活動が欲求不満をもたらすとしても、すぐに活動を始めてほしいと思っている。たしかに、受け身の満足状態は、大人の人間にとって適切な目標ではない。人々の世話をすることを目的とする公共政策と、選択を尊重することを目的とする公共政策の間には、大きな違いがある。栄養の分野でさえ、私たちは満足すれば十分だと最初は考えるかもしれないが、栄養に関して人々に選択肢を与えるのではなく、単に食べ物を配るだけの政策は、自由を十分に尊重していないことがわかる。これは、実践理性が他のすべての目標に浸透して、それらの目標の追求を人間の尊厳に値するものにする、と述べた際の論点のひとつである。

資源に基づくアプローチ

功利主義アプローチに代わるものとしてよく知られているのは、基本的な資源を平等に（または分配の点でより適切に）配分することを求める一連のアプローチである。そこでは、富と所得が万能の資源であると理解されている。アマルティア・センは、ジョン・ロールズの『正義論』における「基本財」の理論に焦点を当てて、こうしたアプローチをしばしば批判する。しかし、ロールズにとって基本財は高度に複雑な全体理論の一要素に過ぎず、彼の理論を引き合いに出すのではなく、より単純な提案、すなわち、全国民が平等に（または、十分に平等に）資源を分け合う限り、資源が多いほど国は良くなる、という提案を検討するのがおそらく最善である。これを「資源（に基づく）アプローチ」と呼ぼう。このアプローチはGDPアプローチの平等主義バージョンである。

このプログラムは分配に大きな関心を寄せるという利点がある。しかし、これも手ごわい反論に直面する。第一に、所得や富は、人々が実際にできることやなれるもののよい代理指標ではない。同水準の機能を達成するために必要な資源は、人によって異なり、資源を機能に変換する能力も、人によって異なる。関連する差異のなかには身体的なものがある。たとえば、子どもは健康な身体機能のために大人よりも多くのタンパク質を必要とし、妊娠中や授乳中の女性は妊娠中でない女性よりも多くの栄養素を必要とする。賢明な公共政策は、全員に栄養関連の資源を均等に与えるのではなく、（たとえば）子どものタンパク質の必要を満たすためにより多くを費やす。というのも、賢明な政策目標は、単にお金をばらまくことではなく、機能する能力を人々に与えることだからである。お金は単なる手段である。

さらに、重要な差異のいくつかは、根深い社会的不平等によって生み出されており、この点で資源アプローチは、これまでに検討したアプローチと同様、現状維持の味方であることがわかる。女性の教育を著しく軽視する社会で、教育の機会について女性と男性を同様な立場に置くためには、男性の教育よりも女性の教育に多くの費用をかけなければならない。身体障がい者が「健常」者と同じように社会で移動できるようにするためには、建物にスロープをつけたり、バスにリフトをつけたりして、障がい者のために追加的にお金をかける必要がある。この二つのケースは似ていて、追加的支出が必要になる理由は、社会のそれまでの歩みが不公正で、特定の人々を疎外するような社会環境を作り出してきたからである。しかし、たとえ追加的支出で解決できない場合でも、それが正当化される可能性はある。ただし、その根拠は異なり、ダウン症を伴って生まれた子どもは、他の子どもよりも教育費がかかるかもしれないが、すべての市民を教育することにコミットする社会は、その費用を惜しむべきではない。私たちの目的にとって重要な点は、どちらの場合も、資源アプローチでは人々が実際にどうしているのかまではわからないことである。それは、疎外され、抑圧されたグループの抗議を無視する国に高い評価を与える可能性がある。

多くの分野において、所得や富は、機能する能力の代わりには適さない。社会的尊重や包摂、屈辱の不在の代わりとしてはとくにひどいものであろう。社会には、それなりに裕福でありながら社会的には排除されているグループが存在することがよくある。一八～一九世紀のヨーロッパにおけるユダヤ人、二〇世紀のアメリカにおけるゲイやレズビアンがそうであった。たとえ富や所得を完全に平等にしたとしても、スティグマ（汚名）や差別をなくすことにはならないだろう。

さらに、富と所得の水準がそれなりに高く、かなり平等に分配されている社会においても、まったく、またはほとんど存在しないようなものもある。そのような社会は、信教の自由や、言論と結社の自由を欠いているかもしれない。または、これらがあったとしても、汚染されていない適度な環境へのアクセスを欠いているかもしれない。一人当たりGDPは、たとえ平等に分配されているとしても、こうした他の重要なものの代わりには適さない。これらすべてが重要であると考えるならば、所得と富に焦点を当てることでそれらすべてが達成されたと示唆するのではなく、公共政策はそれぞれに焦点を当てなくてはならない。

ケイパビリティと測定問題

こうした不満から、次のような考えが生まれた。真の問いは「人々は実際に何をすることができ、何になることができるのか、そして社会は人々に対してどのような活動と選択の真の機会を提供してきたのか」ということである。このアプローチが、(センや彼の影響を受けた開発経済学者が採用する生活の質の比較理論と、私が開発した最小限の正義の理論の双方を含む)すべての形態において主張するのは、すべての重要な機会やケイパビリティは異質で通約不可能であること、分配が重要であること、そして選好は真に追求すべき価値の指標としては信頼できないこと、である。

国連開発計画の『人間開発報告書』の読者は、依然として人間開発指数(Human Development Index：ＨＤＩ)という単一の指標を用いて各国に順位を付けていることに気づくだろう。ＨＤＩ

は、平均寿命、教育水準、一人当たりGDPに関するデータを加重平均したものである（加重の方法は各報告書の技術的補論で説明されている）。そのため、HDIは他のアプローチが非難されてきたのと同じ過度の単純化の罪を犯しているという反論があるかもしれない。しかし、この反論はHDIの役割を誤解している。HDIは戦略的なものである。それが最初の報告書に入ったのは、作成過程の終盤で、一部の純粋主義者の反対を押し切ってのことであった。その理由は、徹底した現実主義者であったマブブ・ウル・ハクが、単一のランキングを見慣れている国々はそれ以外のものを受け入れないだろうし、何らかの単一のランキングを伴わなければ報告書はインパクトに欠けるだろうと考えたからである。重要なことは、開発のランキングでは一般には強調されない項目（長寿、教育）に大きな重みを付けた、異なるひとつの数値にすることであった。そして、その異なるひとつの数値で人々の注意を引いてから、健康と教育の重要性を強調すれば、人々は最初の表の背景に進み、報告書の残りの部分に記載されている集計前のデータを読むだろうと期待できる。非集計データこそ、主戦場であるが、ひとつの数値は、決定的というよりは示唆的であり、人々の意識をデータの重要な側面に向けることができる。

長年にわたって報告書はHDIと非集計データを維持してきたが、示唆に富む他の集計も加えてきた。GDI（Gender Development Index：ジェンダー開発指数）は、HDIのジェンダーの不均衡を補正するものであり、HDIでは上位にあることを誇りにしていた国（たとえば日本）は、GDIのリストではかなり下位に位置していることに衝撃を受けた。GEM（Gender

Empowerment Measure：ジェンダー・エンパワーメント指数）は、女性の寿命や教育での達成度ではなく、管理職や政治的地位へのアクセスを測るものである。これも啓発的であることがわかっている。というのも、多くの場合、ＧＤＩとＧＥＭの間にはかなりの乖離があるからである。このように、ＧＥＭは集計値ではあるが、女性の平等の要素として経営管理や政治における力がそれぞれ重要であることを読者に考えさせる。その他にも示唆に富む集計値が追加されてきた。最後に、各報告書にはテーマ（技術、人権など）があり、各テーマをめぐってデータを満載した論文が書かれている。したがって、この報告書を利用する人は、単一の数値がすべてだという印象を受けることはない。単一の数値は、重要な中心的ケイパビリティに人々の意識を向けさせるのである。

ケイパビリティは測定できるのか、どうしたら測定できるのか、と考えるのは自然である。人は「測定の誤謬」とでも呼べるものに陥りがちである。つまり、あるもの（たとえばＧＤＰ）は測りやすいとわかると、それが最も適切なもの、または最も主要なものであると確信してしまう。当然、そんなことはない。しかし、公的活動のための価値の新基準の提唱者は、原則としてその価値の測定方法を見出せることを示す必要がある。ケイパビリティは複数の要素からなるが、それぞれを単独で測定できないわけではない。難しいのは、ケイパビリティという概念が、内的な準備と外的な機会とを複雑に組み合わせたものであり、そのため、測定がおそらく容易ではないところにある。この問題は当然ながらこのアプローチに取り組む多くの人の関心を集めており、ケイパビリティの測定に関する膨大な文献が蓄積されつつある。ときには、機能のパターンからケイパビリティを推測しなければならないこともある。たとえば、アフリカ系アメリカ人の投票率が低いことを観察したとする。このような機能の欠如はケイパビリティの欠如であると直接推論することはできない。なぜなら、人々は投票しないことを選んだだけかもしれないからである。しかし、機能が低いパターンが社会的な従属や不名誉と相関している場合、何らかの微妙な障害が政治的ケイパビリティを実際に妨げているのではないかと疑うことができる。そうした障害には、有権者登録への障壁、投票所へのアクセスの難しさ、投票所におけるこうした有権者への侮辱が含まれるだろう。また教育の不平等、慢性的な絶望感、その他の目に見えにくいケイパビリティの欠如も含まれるかもしれない。しかし、問題が複雑だからといって、それが存在せず、研究の余地がないことにはならない。したがって、複雑さへの正しい対応は、関連する要因を特定し、測定するために、さらに努力することである。同様に、人々が遊びや娯楽にアクセスできるかを知りたいならば、まず明らかなことから始め、労働時間と余暇時間を調べるだろう。しかし、すぐに公園やその他の娯楽施設の位置、維持管理、安全性といった、より複雑な問題にも目を向けることになるだろう。

測定というと、何らかの数値尺度を使うものと思われがちである。しかし、現実にはもっと質的な測定のほうがよく使われている。アメリカの最高裁判所が、ある法律が憲法修正第一条の言論の自由の保障に違反しているかどうかを問う場合、裁判所はさまざまな言論体制を数値尺度によって並べるのではなく、憲法の条文、裁判所の判例、その他の関連する歴史的・社会的資料を調べる。それでも、ある政策が一部の市民を言論の自由の点で許容可能な閾値以下の水準に置くかどうかを裁判所が判断したと言ってさしつかえないと思われる。一部のケイパビリティは、定量的な尺度ではなく、このような方法で測定される必要があると私は考える。もし私たちが言論の自由や信教の自由に関わる事例で数値尺度が役に立つと考えていたなら、おそらくそれを使っていたであろう。そうではなく、基本的権原の閾値水準に関わる少なくとも一部の問題には、進化してきた議論形式での分析が適切であると思われる。

人権アプローチ

ケイパビリティ・アプローチは国際人権運動と密接に連携している。実際、私が提唱するアプローチは、人権アプローチの一種と特徴付けることができる。センもケイパビリティと人権の密接な関係を強調している。ケイパビリティ・アプローチと人権アプローチの共通基盤は、すべての人はただ人間であるという理由だけで何らかの核となる権原を有していて、そうした権原を尊重し支持することは社会の基本的な義務であるという考え方にある（私のアプローチは、人間以外の動物にも権原があると考えており、その点で人権アプローチよりも幅広い）。さらに、内容的にも密接な関係がある。私のリストにあるケイパビリティは、世界人権宣言や他の人権文書で認められている人権とかなり重なっている。実際、これらは、いわゆる第一世代の権利（政治的・市民的権利）やいわゆる第二世代の権利（経済的・社会的権利）と同じ領域をカバーする。さらに、異文化間の比較と憲法による保障の両方の基礎を提供するという点で同様の役割を果たしている。人権の枠組みはジェンダーや人種などの問題への配慮が不十分であると批判されてきたが、ケイパビリティ・アプローチは、最善の人権アプローチと同様に、そうした欠点を正そうとしている。

いくつかの重要な点で、ケイパビリティ・アプローチは標準的人権アプローチを補完する。それはとくに、関係する基本観念について哲学的に明示的かつ明快であることや、特定の定式化の魅力による。たとえば、このアプローチに基づく権利主張の根拠は、合理性やその他の特定の性質ではなく、ただ人間として生まれ、最低限の主体性を持つことにあり、これにより、認知障がいを持つ人々の平等な人権を認めることができる。このアプローチは、ほとんどの標準的な権利の説明よりも明確に人権と人間の尊厳の関係を説明する（中心的ケイパビリティは部分的に尊厳の観点から定義されている）。また、人間の権原と他の種の権原との関係も明確に表現する（感覚を有するすべての存在は、正義に基づく権原を持ち、悲劇的な争いは、そうした争いが起こらない世界を目指して、ひとつの種の内部で解決されるべきである）。最後に、それは人権と義務との関係をはっきり述べている。人権アプローチは完全に統合された理論ではないが、ケイパビリティ・アプローチはそれを目指している。

人間の基本的権原としての中心的ケイパビリティという考え方と、義務という考え方の間には、概念的な結びつきがある。義務を特定の人々や集団に割り当てることができる前であっても、権原の存在はそうした義務があることを意味する。国内では、そうした義務は、第一に国の基本的政治構造に属し、全国民に適切な閾値水準のすべての権原を分配する責任がある。しかし、貧しい国は豊かな国からの援助なしではすべてのケイパビリティの義務を果たすことができない。したがって、豊かな国はそのような援助の義務を負うことになる。人間のケイパビリティを促進するその他の義務は、企業、国際機関や協定、そして最終的には個人に課せられている(第6章参照)。

私の見方では、中心的ケイパビリティと政府との間には概念的な結びつきがある。あるケイパビリティが本当に中心的ケイパビリティのリストに入っているとしたら、その理由は、それが人間の尊厳にふさわしい生活の可能性自体と密接な関係があるからだ。政府の目的の標準的な説明によると、政府の仕事は、最低限、人々にそのような生活を可能にすることである。他のケイパビリティは、そうした可能性自体にとってそれほど中心的ではなく、それらは政府の仕事ではないかもしれないが、政府は、国が最小限の正義にかなうためには、私のリストにある一〇のケイパビリティの存在に対して責任を負う(もちろん、政府はこの任務の一部を民間団体に委託できるが、ケイパビリティを保障する最終的な責任を負うのは政府、つまり社会の基本的政治構造である)。私たちが世界を全体としてみる場合に、世界を包括する単一の政府がケイパビリティの欠如の問題を解決する最善の方法ではないと判断するとしても、政府はケイパビリティを保障するために依然として主要な役割を果たす。それは第一に各国の政府であり、第二に、貧しい国々を援助する義務を負う豊かな国々の政府である。

センは、人権とケイパビリティを対比させながら、人権が明らかに持っている政府との概念的な結びつきをケイパビリティは持っていないと述べている。しかし、センは中心的ケイパビリティの概念を使っているわけではなく、ケイパビリティを非常に一般的に語っている。彼は多くの著作で、ケイパビリティ（たとえば保健医療や教育。これらは私のリストの中心的要素である）を提供できているかどうかで政府を評価することに前向きである。この点について、私たちの間に大きな意見の相違はないように思われる。あるとすれば、それはケイパビリティのリストが正義の理論の枠組みにおいて果たす役割に関する、より大きな不一致の一部である。

ケイパビリティ・アプローチはこれらの方法で標準的な人権モデルを補完する。しかし、それは少なくとも一部のよく知られた人権モデルに対する批判も提供する。アメリカの政治的・法的伝統によく見られる権利の一つの顕著な考え方は、権利を国家による干渉に対する防壁であると理解する。国が干渉しない限り、権利は保障されるとする。対照的に、ケイパビリティ・アプローチは、すべての権原が政府の積極的関与を伴うと主張する。政府は、障壁を設けないだけでなく、人々のケイパビリティを積極的に支援しなければならない。行動を伴わなければ、権利は紙に書かれた言葉にすぎない。バサンティは、グジャラート州政府に殴られたのではない。夫に殴られたのである。しかし、家庭内暴力を禁止する法律を作って積極的に施行しない政府、女性が虐待的な結婚生活から抜け出したときに生活賃金を得るために必要な教育や技能を与えない政府は、そうした女性が耐えている屈辱に責任を負う。基本的権利は、政府の行動によって現実のものとならない限り、そしてそうなるときまでは、単なる言葉でしかない。この関連でしばしば耳にする「消極的自由」という考え方は、そもそも一貫しない考え方である。すべての自由は積極的なものであり、何かを**する**自由、何かに**なる**自由を意味する。そして、すべての自由が他者による干渉の禁止を求める。アメリカ国民は、政府が最もよい仕事をするのは何もしていないときだと考えるため、この点はとくにアメリカで強調されるべきである。

「消極的」権利と真の結合ケイパビリティとの違いがとくに明確になるのは、長期にわたって従属と排除に苦しんできた集団について考えるときである。インドが国民の基本的権利について随所で述べた憲法を準備していた頃、ネルー首相の法務大臣で彼自身ダリット（以前の呼称は「不可触民」）だったB・R・アンベードカルは、平等な権利を主張しても、排除された人々にとっては、権利を享受できるような一連の積極的な国の政策が伴わなければ何の意味もないことを繰り返し指摘していた。そうした政策には、他者による干渉の防止、人々が絶望から権利を放棄しないための経済的支援、政治や教育におけるアファーマティブ・アクション（積極的差別是正措置）などが含まれる。こうした政策がなければ、権利は紙に書かれた言葉にすぎない。同様の理由で、アメリカの人種差別や性差別を是正するためには、形式的な同様の扱いのみならず、機会の不平等に終止符を打つための積極果敢な政府の行動が必要であった。アメリカの最高裁判所は、いわゆる「分離すれども平等」な扱いと主張されていた制度を無効と判断する際に、ケイパビリティの言葉を繰り返し用いて、人種別学校に通う黒人の子どもと白人の子ども、そして男性専用施設に入ることを拒否された女性は、ケイパビリティの欠如の被害をこうむっているとした。裁判所は、人々が実際に何をすることができるのか、何になることができるのかを問うことによって、こうした制度を繰り返し吟味してきたのだ。

国の不作為や「消極的自由」の考え方がとくに有害であったのは、国と世帯・家族との関わり方である。公的領域と私的領域という古典的自由主義の区別は、国の行為に対する多くの自由主義者の自然な冷淡さを助長している。たとえ人々の権利を保障するために国が行動することに問題がない分野がいくつかはあるとしても、国が関与すべきでない特権的領域がひとつあり、それが家庭であるというのである。女性たちは当然、女性が家庭内で受ける虐待を一部の伝統的な人権モデルが不当に無視してきたと訴えてきた。ケイパビリティ・アプローチはこの誤りを正し、家庭の構成員の権利が侵害された場合には家庭への介入が正当化されると主張する。

関連する理由で、このアプローチは、人権運動によく見られる「第一世代の権利」（政治的・市民的権利）と「第二世代の権利」（経済的・社会的権利）の区別を拒否する。この区別は、政治的・市民的権利には経済的・社会的な前提条件がないことを示唆している。しかし、ケイパビリティ・アプローチは、それがあると主張する。すべての権原は、支出を含む政府の積極的行動を必要とし、したがって、すべての権原が、ある程度は経済的・社会的権利なのである。

センは、ケイパビリティの概念は権利の概念よりも広いと論じてきた。なぜなら、ケイパビリティには手続きの問題（ある種の過程に参加できるかどうか）が含まれるのに対し、権利はつねに実質的機会（実際に何を手にすることができるか）の問題だからである。私は、世界の主要な憲法の伝統における権利の言語の使われ方を精査すると、この区別は困難であると考える。基本的権利はしばしば手続き的である。たとえば、合衆国憲法の「法の適正手続き」と「法の平等な保護」に対する権利（および、ほとんどの現代憲法の同様の規定）である。これらは基本的権利であり、公正な手続きに対する権利である。ケイパビリティの概念は権利（人権）の概念よりも広いが、その理由は別にある。ケイパビリティには、些細なものもあれば、悪質なものすらある。中心的ケイパビリティのリストは、良質なものであり、かつ非常に重要なものと評価されたものであり、標準的に擁護されている人権のリストと密接に対応している。

このような修正を行うことで、ケイパビリティ・アプローチは、権利の言語と、国際人権運動の主要な結論、さらには多くの国際的な人権文書の内容を取り込むことができる。権利の言語は依然として妥当であり、重要である。それは基本的正義の観念に根ざす基本的権原という考え方を強調する。これが気づかせてくれるのは、周りの世界がどんな対応をしてきたとしても、人々がある種の処遇を要求する正当かつ重要な権利を持っているということである。GDPの合計や平均の最大化を追求するにしても、効用の合計や平均の最大化を追求するにしても、こうした権利要求を侵害してはならないのである。

第4章　基本的権原

自由と内容

ケイパビリティ・アプローチの最初期の、そして今でも最もよく見かける利用法は、開発の成果を比較し、順位を付ける正しい方法についての新たな説明を提供することである。国や地域が世界の開発「市場」で順位を競い合い、他国より、または以前よりも生活の質が優れていることを示そうとするとき、ケイパビリティ・アプローチは、そうした比較を行う正しい方法についての新たな説明を提供する。GNPだけに注目する代わりに、中心的な人間のケイパビリティに注目しなければならないのである。原理的にはどのケイパビリティも比較の基準になりうるが、『人間開発報告書』を作成する際には、健康と教育がとくに注目された。

このアプローチの関連する利用法として、平等の問題が議論される場合の比較の空間について、新しい説明を提供することが挙げられる。平等は通常、生活の少なくともいくつかの分野において重要な政治的価値であると考えられている。そうだとしたら、私たちは「何の平等か?」と問わなければならない。厚生(満足)と資源(所得と富)の平等を主張する相手との議論のなかで、センはケイパビリティがより魅力的な比較基準となると主張してきた。他の見解に反論するセンの論拠は、開発の議論における正しい比較の空間としてケイパビリティを推奨する論拠と同じである。

センは通常、ケイパビリティを比較のために利用することに焦点を当てる。他方で、現実の社会を評価する際には、健康、教育、政治参加、人種・宗教・ジェンダーに基づく差別の禁止など、特定のケイパビリティを他のものより重視している。彼はケイパビリティを使って基本的正義の概念を定義することに明らかに関心がある。センはケイパビリティについて正式な、あるいはリスト化した説明を提示していないが、説明の方向性については多くのヒントを提供している。

一方、センは、あたかもすべてのケイパビリティが自由の価値ある領域であり、社会全体の課題は自由を最大化することであるかのように語ることがある。彼は「自由の視点」について語り、あたかも自由が一般的で万能な社会的善であって、評価されるケイパビリティはその例に過ぎないかのようである。私のアプローチはこのようには進まない。私はケイパビリティの内容にコミットし、一〇の中心的ケイパビリティのリストを、基本的な政治的権原と憲法の考え方の基礎として使用する。

このアプローチが正義について何かを主張するためには、選択という作業がきわめて重要である。バサンティの生活の視点では、いくつかのケイパビリティが中心的重要性を持っている。たとえば、話す自由、学ぶ自由、政治に参加する自由、暴行から体を守る自由などである。これらに比べれば、人々がときに大騒ぎする他のケイパビリティは些細なものに思える。ヘルメットをかぶらずにオートバイに乗る自由や、シートベルトをしない自由などである。また、権力者がひどく欲しがるケイパビリティのなかには、彼らが他者に危害を加えることを許すという点で非常に悪質なものもある。多くの男性は、家庭内暴力やセクハラを取り締まる法律が自分の自由を妨げるものだと憤慨する。

正義に配慮するケイパビリティ・アプローチは、このような不満に耳を傾けるべきではない。私のアプローチは、最小限の社会正義と憲法の説明の中核としてケイパビリティの考え方を使用する。そのため、特定の中心的ケイパビリティのリストを擁護する必要がある。その過程で、私は基本的な憲法上の権原を設定するための基礎となる政治原理を明確にしている。このように、私が支持するアプローチは、法と国家建設に密接に関連している。

しかし、なぜ私たちはセンの解決策を受け入れてはならないのだろうか。センの解決策は、自由を総体的な善と捉え、各国の憲法構造が守るべき特定のケイパビリティを選択する作業を各国に任せようとする。そのようなアプローチのほうが人々の民主的な選択を尊重するのではないか。もちろん、民主主義国に外から何かを押し付けるべきではないということに私は同意する。私の提案の意図は説得にあり、制度化（実現）の問題は別である。問題は、なぜ私たちは国際的な舞台でケイパビリティの単一のセットを正当化し、それがすべての国にとって重要であると主張すべきなのか、ということである。自由という一般的な考え方を推奨するだけではいけないのだろうか。

第一に、自由を促進するという考え方が、首尾一貫した政治プロジェクトであるかどうかさえ不明である。自由のなかには他の自由を制限するものがある。裕福な人々が政治運動に多額の寄付をする自由は、投票権の平等な価値を制限する。また、産業界が環境を汚染する自由は、汚染されていない環境を享受する市民の自由を制限する。もちろん、これらの自由はセンが検討したものではないが、センは自由の説明を制限したり、こうした衝突を除外したりすることについては何も述べていない。実際、私たちはもっと踏み込んで、自由の考え方自体が制約の考え方を含んでいると言うこともできる。他人による干渉を防がなければ、人Pは行為Aを自由に行うことはできない。

そのうえ、仮にすべての自由を望ましい社会目標と見なす一貫したプロジェクトがあったとしても、ケイパビリティ・アプローチの政治的・倫理的目的を持つ人がそのようなプロジェクトを支持すべきかどうかは不明である。先に挙げた例が示すように、貧困層のある種の基本的自由の平等な価値を守り、彼らの生活環境を改善しようとする政治プロジェクトは、政治目的の中心となる自由もあれば、明らかにそうでないものもあるということを率直に言う必要がある。自由には、基本的な社会的権原に関わるものもあれば、そうでないものもある。また、政治的正義の見解の中心となるものもあれば、そうでないものもある。中心的でないもののなかには、単に重要性が低いものもあれば、確実に悪質なものもある。

ジェンダーの正義を効果的に追求するには、男性の自由を制限せざるをえない。たとえば、妻の同意があろうとなかろうと妻と性交する「権利」は、ほとんどの社会で男性の大切な特権であると理解されてきた。多くの男性は、夫婦間のレイプを禁止する法律によって自由が制限されることを非常に嫌ってきた。アメリカの約半数の州が、いまだに婚姻中の不同意の性交を本物のレイプとは見なさず、世界中の多くの社会でいまだにそれを禁止する法律がないのはそのためでもある。職場で女性にセクハラをする自由は、世界中で男性の特権とされてきた。セクハラ規制が導入されると、必ず自由を盾にした抗議の声が上がる。「フェミナチ」といった言葉〔フェミニズムとナチズムの混成語〕を使い、そうした政策を支持するフェミニストは自由に反対しているのだと示唆する。もちろん、ある意味で、フェミニストは実際に自由の制限を主張している。ある種の自由は、平等と女性の自由および機会の両方に悪影響を及ぼすからだ。

要するに、平等や十分な社会的ミニマムを追求する社会は、非常に多くの方法で自由を制限せざるをえないのである。そして、それらの自由は良いものではなく、社会正義の概念が要求する権原の中心的なものではなく、実際、多くの方法で中心的権原をなし崩しにしていると言うべきである。他の自由、たとえばバイクに乗る人がヘルメットなしで運転する自由については、あまり重要ではなく、非常に悪いものでも、非常に良いものでもないと言える。そうした自由は、私たちの社会正義の構想に暗黙のうちに含まれているわけではなく、当然、基本的な憲法上の権利のリストに載せるべきではない。

社会が最小限の正義にかなうと言えるためには、人間の尊厳に値する生の前提条件を人々に与えていなくてはならないかもしれない。だとしたら、その生が何を必要とするのかを示すことは、政治の舞台にいる者の責務である。それを提供するためには、それが何であるかを知る必要がある。真に基本的な項目（言論の自由、身体の不可侵性の保護）と、基本的ではない項目、さらには悪くさえある項目を区別することが緊急の重要性を持つと思われる。立法者、裁判所、行政機関は、それが何であるかを知らなければ、そのような構想を実行することはできない。成文憲法は、そのような権原を明示し、多数派の気まぐれから権原を保障する便利な手段のひとつである。その代わりに、基本的な権利を不文律として理解している国もある。それにもかかわらず、一九七五年にインディラ・ガンジーが宣言した緊急事態の間に言論と結社の自由が投票によって奪われたように、基本権が性急な多数派によって一時間のうちに取り消される可能性があるとすれば、人間の尊厳は危険な状態にあり、国はケイパビリティの保障を提供するためのより良い方法を見つける必要がある。基本的権原に対する何らかの超多数派主義的〔圧倒的多数の賛成を要する〕保護は、成文憲法であろうとなかろうと、この保障には不可欠であると思われる。

言い換えれば、適度に正義にかなう政治構想を追求するすべての社会は、人間の自由を評価しなければならず、中心的な自由と些細な自由、良いものと積極的に悪いもの、特別な保護に値するものとそうでないものを区別しなくてはならない。この評価は、自由の制限を評価する方法にも影響を及ぼす。ある種の自由は、正義に基づく市民の権原であるとされている。これらのうちのひとつでも侵害された場合、それは政治体制のとくに重大な失敗となる。このような場合、人々はその制限を単に負担すべきコストだと感じるのではなく、基本的正義の侵害を伴う特別な種類のコストであると感じる。中心的ではない自由が侵害された場合、そのコストの大小は主体によって異なるだろうが、それは上記の特別なコストと同種ではない。後者は、正義においていかなる市民も負担を求められてはならないものである。信教の自由の抑圧は、基本的権原の問題に関わるコストである。ヘルメットなしでオートバイに乗る自由の制限は、多くの人がコストだと思うかもしれないが、そのような基本的問題を引き起こすものではない。

センは、民主的な熟議の重要性を挙げることによって、目的を定めずにケイパビリティの考え方を使うことを擁護している。私のアプローチも、制度化の領域（最も異常で重大な状況を除いて、ある国に他国が押し付けることはない）や、具体的特定の領域（各国はそれぞれ独自の方法で各ケイパビリティを具体化することができ、一定の範囲内でそれが正当化される）において、民主的な熟議の重要性を尊重する。しかし、民主主義が機能している国では、いくつかのレベルと多くの異なる文脈で熟議が行われていることも認識している。たとえば、市民が新しい憲法を起草する際には、自分たちの国が土台にしたい基本的な政治原理について熟議する。熟議が行われると、市民は通常、特定の権原を確立し、単純多数決では変更できないようにする。そうした憲法制定文書が不明瞭な場合や、法律がそれに違反していると思われる場合、裁判所は通常、中心的権原の適切な解釈について熟議する（司法審査は民主的熟議の重要な一種であり、そのことは事実上すべての現代民主主義国家が認めている）。また、市民は憲法改正についても熟議するが、この熟議は最初の起草とは異なる。というのも、所与の構造といくつかの基本原理を前提として、それらに手を加えるからである。また、市民は法律について熟議するが、法令が憲法の保障に違反する場合には裁判所の介入に従う。

ケイパビリティのリストは、この過程のどのレベルでも役割を果たせる。憲法の起草時には政治原理の源泉として、後には解釈の原点として使うことができる。憲法の条文や判例による制限の範囲内ではあるが、基本的権原に対する司法の解釈を明らかにできる。憲法改正の過程を促進することもできる。初等・中等教育を受ける普遍的権利を保障するインドの新しい憲法改正は、教育と人間の尊厳との関係を認めた判例がきっかけとなった。最後に、リストは権原を制度化する立法の源泉にもなれる。これらすべての分野で、熟議が行われるのである。このアプローチが熟議をさえぎるのは、一時的な多数派の選好の気まぐれに対して基本的権原の保障を要請するときのみである。憲法改正の過程は、ケイパビリティを確実に保障するため、時間がかかり、困難なものでなければならない。しかし、事実上すべての現代民主主義国家がこのような道を辿ってきた。

　正義の理論がケイパビリティの内容についてある立場をとる、別の理由がある。この理由は政治的リベラリズムへのコミットメントに由来する。仮に、まともな社会の政治原理は、多様で広範な包括的教義を尊重し、それらの間の重なり合う合意の対象となることを目指すべきであると私たちが確信しているとしたら、ケイパビリティの考え方を価値や生活の質の包括的理論として使用する原理を提案しないだろう。全般的な生活の質の理論化は、それぞれの包括的教義に任せるべきであり、各教義がどのような用語や概念を用いてもかまわない。市民に賛同を求めるのが妥当であるのは、比較的短く限定された（ケイパビリティのリストの形の）基本的権原のリストの政治的重要性であり、そのリストは各ケースで包括的教義の残りの部分に付け加えることができる。このような観点から見ると、センのアプローチは、ケイパビリティを生活の価値の包括的指標として使っているように見えることもあるが、多くのことを言い過ぎているように思われる（前の議論ではあまりに少ししか言っていないとしたが）。

ケイパビリティ・アプローチを規範的政治理論として考える前に、「理想の理論」という問題全体に少なくとも触れておかなければならない。センは、正義に関する新著〔『正義のアイデア』〕において、負担の大きい、やや理想化された目標を設定する形で正義を理論化するプロジェクト全体を批判している。理想の理論（とくにロールズを指している）は、現実の状況において目の前にある選択肢についてよく考えることを妨げるため、理想の基準を設定するよりも、選択肢を比較して順位を付けるアプローチをとるべきであるとセンは主張する。

本書はロールズや理想の理論全般に対するセンの批判を評価する場ではない。いずれにしても、社会正義の必要条件としてケイパビリティの最低限の閾値を擁護する私の規範的ケイパビリティ・アプローチで開発された理想の理論にこうした批判がどの程度、当てはまるかを判断するのは困難である。このアプローチは、非現実的あるいはユートピア的という意味における「理想」ではないが、ロールズのアプローチもそうではない（と私は信じている）。この問題全体については、将来の議論に委ねるべきだろう。

政治的正当化

ケイパビリティ・アプローチは、比較版と規範版の両方において、開発経済学に道徳哲学を導入しており、これはすでに前進である。センと私は、開発実践者が倫理規範と正義の基準について立ち止まって厳しく自問するだけで、物事は以前よりもうまくいくだろうと主張する。たとえ最終的にケイパビリティ理論を選択しないとしても、倫理規範が重要でないと仮定するのではなく、倫理規範を検討することになるだろう。私が『女性と人間開発』や『正義のフロンティア』で展開した規範的アプローチは、最小限の正義にかなう社会とは何かを人々に考えるように求めるため、よりクリティカル（批判的）な思考を迫る。倫理を配慮しない意思決定が基準であることは非常に多く、倫理を基準とするなら、この問いを問うだけですでに前進である。

しかし、このアプローチはそれだけにとどまらない。道徳哲学で最もよく知られている社会正義の理論に対して具体的な議論も展開する。そのように具体的に向き合うことは、私の理解では、規範的な道徳的・政治的見解を正当化する過程の一部である。

私が擁護する政治的正当化の全般的説明は、倫理学における正当化の方法についてジョン・ロールズが行った説明に基づく（彼の説明自体はソクラテスとアリストテレスの手続きに基づいている）。ロールズのアプローチと同様に、この方法は精査の過程の目標として「反省的均衡」という名称を用いる。ロールズのように、私はこの過程を、社会正義の領域において自分自身の道徳的判断の構造を明確にしようとするソクラテス的な試みと見ている。やはりロールズと同様に、この過程は政治において多義的な特徴を帯びると私は見ている。正当化は、単独で行動する個人によってではなく、ソクラテス的に熟考する個人間の議論によって達成されるのである。

この過程で個人が行うことは、正義についての最も確実な倫理的判断（ロールズは「奴隷制度は間違っている」という例を用いる）を浮かび上がらせて、さまざまな理論的見解と対峙させることである。その目的は、判断と理論的原理の間の安定的な調和点を見出すことである。固定的なものは何もない。当初は説得力のあった判断が、他に多くの利点を持つ理論の結論と対立して修正されることもあるし、当初は魅力的だった理論が、最も基本的な判断を十分に維持できないために却下されることもある。新しい理論を検討し続けることになるため、いつまでたっても均衡にたどり着かないかもしれない。しかし、時間の経過とともに、たとえ正義の全般的理解が不完全にとどまるとしても、その理解は深まり、より適切なものになると期待することができる。

ある理論的見解を持つ人は、まず、その見解を生み出す議論の概略を示し、その見解が非常に強力な倫理的直観や判断に合致することを示すことによって、その見解を支持する一応の根拠を示そうと試みなければならない。私はこれを行うために、一〇のケイパビリティが人間の尊厳にふさわしい生活という考え方の重要な構成要素であると主張した。ロールズと同様に、私は自分の議論を本質的にソクラテス的な性質のものだと考えている。私は対話者に、人間の尊厳とそれにふさわしい生活という概念に何が暗に含まれているのかを考えるように訴える。私は対話者に、人間が強いられるある種の生き方は、人間の尊厳に値しないという意味で、人間性に欠けると考えるよう求める。この直観的な出発点は、高度に一般的ではあるが、確かな指針を提供すると信じている。生き続けることはできても十分に人間らしいとはいえない労働形態についてのマルクスの生き生きとした描写は、世界中の人々の共感を呼ぶ。また、人間の尊厳にふさわしい生活という概念は、世界の憲法学で用いられている最も豊かな考え方のひとつである。そこで私は、非常に一般的かつ直観的な方法で次のように主張する。公共政策の影響を受ける生活のさまざまな分野を通じて、一〇の基本的権原の保護は、人間の尊厳のある生活に不可欠な要件である。

ロールズと同じく、私は、このアプローチが多元的な社会における政治原理の優れた基礎を提供することを示したい。そのために、このアプローチがやがては主な宗教的見解や世俗的見解（主要な宗教と、カント派やプラグマティストのような主要な世俗倫理的見解）を持つ人たちの間の「重なり合う合意」の基礎となりうることを示す。このアプローチは「政治的リベラリズム」の一形態であり、特定の宗教や形而上学的見解に基づく政治的教義の支持を市民に求めないことで市民を尊重する。もちろん、重なり合う合意は今日の現実ではない（ロールズもそれを要求していない）。やがてはそれが現実になるかもしれないと無理なく想像できることを示せばよいのである。この移行を想像することは、この見解のうちの動物の権原を擁護する部分に関してはとくに難しい。しかし、そこでさえ、重なり合う合意が最終的には可能であろうと私には思われる。

しかし、この議論は予備的なものに過ぎない。この時点で、読者は同様の利点を持つ他の見解がかなりあると思うかもしれない。ここで、ケイパビリティ・アプローチは、理論的伝統に属する主な論敵との対決を始め、少なくともいくつかの点で、それらがうまくいかないことを示そうとする。情報に基づく欲求功利主義や古典的な社会契約論と比較して、ケイパビリティ・アプローチには少なくともいくつかの利点がある。しかし、それらのアプローチの最良のバージョンとはかなりよく調和する。

この二つの理論的代替案をより詳しく検討する前に、貧しい人々の実際の努力や苦闘に関する経験的材料がこのアプローチにどのように現れるかについて、もっと説明する必要がある。たとえば、バサンティの話はどうだろうか。私は本書で彼女の話を主に説明のための例として使ったが、それは、開発の世界で知られている他のアプローチと対照して、ケイパビリティ・アプローチが提供するものを明確にするためである。また、バサンティのような実在の人々が問いかけ、答える質問を問うことは（他の条件が同じであれば）このアプローチの利点であるとも述べた。そのようなことをするアプローチを、純粋に西洋的な構築物であると非難することはできない。しかし、もちろん、このアプローチのための議論は、物語や例だけに依存しているわけではない。抽象的な概念（人間の尊厳やケイパビリティの考え方）や抽象的な哲学的議論を用いている。そうした議論は、バサンティが擁護しなかったかもしれないケイパビリティも擁護する。たとえば、報道の自由は、貧しい人々自身があまり語らず、あるいは必要を感じていないとしても、民主主義国の貧しい人々にとって重要なものであると擁護することができる。

より一般的に言えば、ケイパビリティ・アプローチは選好を重視するものの、主観的な選好に基づくわけではない。それは、開発経済学や哲学における選好に基づくアプローチに強く反対している。このアプローチは、政治目的にとって選好はしばしば信頼できないと見る。最も完全に修正された情報に基づく欲求アプローチだけが、政治的正当化において補助的な役割を果たすのである。

バサンティの話や似たような話は、明らかに人々の選好を包括的に説明することさえできない。それは他の経験的な材料から得なければならない。いかなる主観的な材料も正当化の理由を提供できないため、それらは正当化に使うこともできない。では、そうした物語はどのような役割を果たすのだろうか。

私にとって物語の果たす役割は、主に教育的なものである。バサンティのような女性が働き、努力している広範な状況を見なければ、重要な問題やそれらの間の関係を見落としていた可能性がある。読者も同じような立場にあるかもしれない。たとえば、教育が、虐待的な結婚から抜け出して身体の不可侵性を守る能力と結びついているという考えは、非常に異なる社会で思索している学者には明らかではないかもしれない。こうした詳細な例は、物語（ナラティブ）の助けを借りなければ異なる生活環境を想像することができない読者にとっても教育的でありうる。物語のおかげで、そうした読者はより広範な問題や論点に目を向けるようになる。また、想像力を養い、特権的エリート層が通常は無視する生活をしている人々の平等な人間性を認識できるようになる。また、実例は二つの立場の違いを正確に示すことで、理論的な議論を明確にする。

情報に基づく欲求厚生主義

ケイパビリティ・アプローチが、多くの開発経済学者に使われている単純な功利主義とどのように違うのかはすでに見たが、さらに多くを論じる必要があるのは、このアプローチが、哲学の内側で知られている功利主義のさらに洗練された形態（とくに、既存の選好にはしばしば歪みがあることを認識し、多くの修正を加える見解）とどのように違い、どの点で優れているのかである。

このような見解は、通常、もし人々が十分な包括的情報を持っている場合に人々の選好がどうなるかを問うものであり、役に立つ修正である。このような見解は、基本的に「厚生主義」、すなわち、人々の厚生についての選好に基づいていると表現することは、次のように言える限り、妥当である。「いまや私たちは人々の真の、あるいは本物の選好に到達した。なぜなら、十分な情報のもとで人々が持つであろう選好は、誤った情報のもとでの選好よりもその人の真の選好に近いからだ」。

しかし、このような理論は、通常、純粋な厚生主義と調和させるのがより難しいさまざまな他の修正を導入する。私は経済学者ジョン・ハーサニー、哲学者リチャード・ブラントとジーン・ハンプトンの最も洗練された三つの見解を詳細に検討して、『女性と人間開発』において次のように主張した。これらの理論家は、人々の選好から独立の道徳的概念を導入しなければ、正義にかなうと彼らが思うような結果を生み出すことはできないと。よって、彼らの見解は、究極的には混合的な見解であり、純粋な形の厚生主義ではない。

ハーサニーは、ある種の選好を「サディスティックまたは悪質」、つまり他人の痛みや従属に喜びを感じるものとしている。彼はこれらの選好が根深い本物の選好であることを疑わない。それらは、情報を増やしたり改善したりしても、取り除くことができない。その意味で、これらは人々の実際の選好である。しかし、ハーサニーは、そのような選好を単純に考慮から外している。そうする目的は、功利主義的な選好への依存を、平等な人々の共同体というカント的な考えと、不偏の（公平な）観察者というアダム・スミスの考えとに結びつけるためだと彼は述べている。よって、彼の見解は、部分的な意味でのみ厚生主義の一形態である。

ブラントは、厚生主義からの離脱についてあまり明瞭には述べていないが、価値判断から自由な選好の選別方法を用いていると主張していながら、実際には、どの選好が「本物」であるかを決定する過程で、権威からの独立性や自律性といった賛否両論ある価値を用いていると私たちは示すことができる。彼は、こうした規範がすべての人の人格の一部であると説得力をもって主張することはできないため、これらこそ理想的な条件のもとで各人が持つはずの選好だとは示していないことになる。これを含むさまざまな方法で、彼は独立した道徳観念を自らの理論に取り入れている。

ジーン・ハンプトンは、虐待的または非対称的な関係にある女性の歪められた選好を考える際に、選好に基づく見解が直面する困難に焦点を当てて、平等な尊重と、威圧がないことを含む修正を提案している。考慮される選好は、人々がそのような状況で生きる場合に持つはずの選好である。これらの修正は問題の核心に迫るもので、社会正義の観点からは、ハーサニーとブラントのものよりもさらに適切な結果になっていると思われる。しかし、ハンプトンが認めているように、これらの結果は選好に基づく説明の中から生まれるものではない。平等な尊重は、多くの人の人格の一部ではなく、他人を威圧したいという欲求は、残念ながら非常に根深いかもしれない。よって、このような制約を導入しても、十分な情報という条件のもとで人々が何を選好するかが簡単に見つかることはないだろう。

これらの見解の持ち主はすべて、道徳的に容認できると考える結果を出すために、功利主義から離れ、ケイパビリティ・アプローチの重要な道徳的要素のいくつかを取り入れた。すなわち、人間の尊厳の平等という考え方、実践理性は非常に重要なケイパビリティであるという考え方、そして、人々は他者の基本的権原を奪う権利を持つべきではないという考え方である。

これらの独立した制約を組み込めば、こうした修正された見解はケイパビリティ・アプローチと同じくらい満足のいくものになるだろうか。私はそうは思わない。すべての功利主義的見解は、いくつかの独立した制約を組み込んだ場合でも、生活の異質な要素を集計することに変わりはなく、すべて、最善の社会的集計値や平均値を追求することにコミットしている。このように、より洗練された見解であっても、開発経済学で用いられる功利主義に関して先に指摘した問題から逃れられない。結局のところ、いずれも適応的選好の問題を適切に扱っていないのである。情報を追加したり、サディスティックまたは悪質な要素のある選好を単に除外したりすることによって選好を選別することは可能である。しかし、エルスターもセンも主張しているように、適応の問題は、社会における人々の生い立ち全体に関わるため、その修正は端的に言って不可能である。適応は、単なる情報不足ではない。もし女性が、教育は女性のためのものではないと学んでいたとしたら、教育の便益や楽しさについての新しい情報を得たところで、簡単には変わらないだろう。なかには変わる人もいるだろうが、きちんとした女性は学校に行かないものだという考え方を深く内面化している人は変わらない。同時に、正義にもとる不正な階層秩序に適応したことを表す選好を特定することは不可能で、そのためには社会正義についての独立した理論が必要だが、功利主義アプローチはそれを拒絶する。修正された見解ですら、いくつかの重大な問題を抱えたままである。

功利主義には多くの欠点があるが、人々とその欲求を真剣に受け止め、人々が望むものに敬意を示すという大きな長所がある。いくつかの倫理的見解、とくにカント派の伝統にあるものは、欲求を人格のうち野蛮で完全に知性を欠くものと見なして早々に退ける。私はそうした見解に反論して、欲求は善に関する情報に敏感な人格の知的解釈の側面であると提案する。このように、功利主義の最良の見解（ハーサニーやハンプトンのように、独立した道徳的制約が組み込まれたもの）の焦点となっているような、情報に基づく欲求は、依然として政治的正当化においていくらか重要な役割を果たす。欲求は、私たちが支持する見解が安定的であるかどうかを確認するのに役立ち、ある見解が安定的である可能性を示すことは、それを受容可能な政治的見解として正当化することの一部である。

社会契約論

もっと最近になって、私自身の見解は、一七世紀のジョン・ロックに始まる社会契約の伝統のなかで長い間、培われてきた強力な正義の理論を取り入れている。ジョン・ロールズが生み出した重要な正義論は、多くの分野で社会的分配の強力な理論的説明を提供しているが、それはロックの古典的な社会契約論のいくつかの仮定を使っており、ロールズ自身はそれらが四つの分野で自身の理論に困難をもたらすと考えた。ロールズが特定した困難な分野とは、将来世代のための正義、国境を越える正義、障がいのある人々の公正な処遇、人間以外の動物の扱いに関わる道徳的問題である（最後の点について、ロールズは私とは異なり、正義の問題を提起するとは考えなかった）。ロールズ自身は、最初の問題を「公正な貯蓄原理」でうまく解決した（同様の考え方はまだケイパビリティ・アプローチには明示的に組み込まれていない）。彼は二つめの問題を最後の著書『万民の法』で解決しようとしたが、私はその試みはあまり成功しなかったと考えている。最後の二つの問題は、彼の見解が「失敗」するかもしれないと自ら考えていた問題で、彼の理論の深刻な弱点を示しており、彼自身には受け入れられないほど抜本的な理論の修正がなければ解決できないものである。これら三つの問題領域は、私が『正義のフロンティア』で指摘した三つの「フロンティア」（未開拓領域）である。これらのフロンティアに横たわる問題を追究するのであれば、ロールズの理論に代わるものを考えなければならないが、その洞察まで否定することはない。

ロールズの理論は、知的な混血種である。その困難のほとんどは（ケイパビリティ・アプローチの観点から見ると）、古典的な社会契約論の流れを汲むものであることに起因する。また、各人は目的であって手段ではないという考え方など、カント的な倫理的要素も取り込んでおり、それらの要素が彼の理論をきわめて豊かなものにしている。しかし、ロールズは結局、より純粋なカント主義の理論を優先して、社会契約の構造を捨てることには抵抗した。また、ロールズのカント主義的な部分に難点がまったくないわけでもない。障がい者にとっての正義の領域では、カント主義的な要素自体が問題をはらむことがわかっている。なぜなら、カントは尊重の根拠を高度な道徳的合理性に置くため、認知機能に深刻な障がいを持つ人々に完全に平等な尊重を与えることができないからである。しかし、ここでは、社会契約の伝統に関連する困難について考えてみよう。

古典的な社会契約論は、既存のすべての社会構造が、富、階級、名声などの人為的階層によって規定されているという観察から始まる。仮に人間からそのような人為的優位性をすべてはぎ取ったとしたら、人間はどのような社会を選ぶだろうか、とこの理論は問う。この思考実験はきわめて有用で、ロールズの有名な「原初状態」はその一種である。合理的な諸個人は、自らの階級、富、人種、性別を知らないものとして、社会のための正義の原理を選ぶように求められる。この思考実験は、人為的優位性が人々を分断しているにもかかわらず、私たちが等しく共有する人間性を制度がどのように尊重できるかについて、何かを示すはずである。しかし、この実験を設計する過程で、ロールズのものを含むすべての契約理論は、参加者の肉体的・精神的な力が大まかにいって等しいことを前提とする。まさにその大まかな平等性（最も弱い者でさえ最も強い者を密かに殺すことはできる）を意識することにより、当事者たちは、他者を確実に支配することはできず、したがって、自然資産の一部を放棄し、政治的・法的な制約に同意することが互いの利益になると確信するのである。この理論は、契約が参加者の相互利益になることを主張する。社会において人々を結びつけるのは、利他主義や他者への愛ではなく利益なのだ（もちろんそうした理論は、現実の人々が善意を欠いていると主張するわけではない。この理論は、仮説的な表現を展開しているだけであり、歴史や人類学を書いているわけではない。重要なのは、契約がどのように進行するかを示すために、広範な善意を仮定する必要はないということである）。

このような理論は、社会的な協力や社会正義に対する深い洞察を与えてくれる。正義は、富や階級、その他の人為的優位性（人種やジェンダーなど）によって特定の人や集団を優遇するのではなく、人々を偏りなく扱うことを要請するということに私たちが合意するとしたら、そのような理論は、不偏性（impartiality）の理想に基づいて築かれた社会がどのようなものになるのかを知るうえで大きな助けとなる。ロールズの正義論は、現代の西洋政治哲学の偉大な成果の一つである。この理論は、解決しようとした一連の問題をじつにうまく解決する。問題の全範囲にわたってライバルの見解のほうが優れていると示すことは、大きな課題であり、ケイパビリティ・アプローチがまだ試みていない課題である。

しかし、大まかな平等と相互利益を前提とする見解は、単に所得や富を再分配するだけでは容易に是正できないような、当事者間の力の深刻な非対称性が見られる場合をうまく扱うことができない。まさにそれが理由で、重度の身体障がい者や認知障がい者は、「原初状態」から明示的に除外されており、「秩序だった社会」における市民の能力の定義にも含まれていないのである。ロールズによると、彼らのニーズはいずれかの時点で対処されるべきものだが、社会がその最も基本的な原理と構造を選ぶ際には考慮されない。事実上、彼らのニーズは抑制されることになるが、その抑制は善意に基づくものになる。この問題は、ロールズのカント主義的な人間観が合理性（深慮と道徳性の両方）に基づいているという事実によってさらに深刻化する。この見解では、高度の認知機能障がいを持つ人々は、端的に言って人と見なされないのである。ロールズは、合意や契約を結ぶことができない人間には政治的正義が与えられていないと明確に考えている。つまり、ロールズにとっては、正義の問題全体が、少なくとも多くの障がい者にとって実際的価値のないものである。

人間以外の動物は、おそらく合理的能力を持たないという似たような理由から、ロールズは人間との関係に正義の問題があるとは考えない。そのため彼は、人間には動物に対する倫理的義務はあっても、政治的義務はないと考える。感覚を伴う何らかの主体性や努力の存在は、正義の問題を提起し、問題にしている存在（動物）が正義の政治理論を理解し評価することができるか否かにかかわらず、そうした存在を理論の対象とするのが適切だと私は主張する。どこで誰に正義が適切であるかという基本的な説明にこのような違いがあり、私にとっては、ほぼすべての動物（海綿動物のように最低限の感覚しか持たず動かないものはおそらく除いて）が正義の主題であり、法や制度による尊重と支援に値する尊厳（その種に特徴的な主体性に関連して）を有するというのはかなり明快な結論である。ケイパビリティ・アプローチは、人間以外の動物に対する義務を扱うために修正する必要があるが、その修正は明快で、理論の本質的な要素を放棄する必要はない。

ケイパビリティ・アプローチは、ロールズの社会契約論と比べて、すべての領域ではなく上記三つの問題領域で優れていると示されただけである。全体として優れていることを示すには、はるかに多くの作業が必要だろう。さらに、ロールズの本質的な洞察のほとんどを維持しつつ、私の批判に応えるように、ロールズの正義へのアプローチの核心部分を再定式化できるか否かも明らかではない。ヘンリー・リチャードソンは、そのような再定式化を提案したが、彼は、ロールズ自身がけっして受け入れなかったと思われるロールズの理論の変更を含むことを認めている。

さらに、私の『正義のフロンティア』が主張するように、私がロールズの理論で問題視している仮定を用いない、他のタイプのカント的社会契約論もある。たとえば、トーマス・スキャンロンの倫理的契約主義である。スキャンロンは、原理を評価する際には、それが当事者の誰からも拒否される理由がないかどうかを問うことを提案している。彼は、当事者の身体的・精神的能力がほぼ等しいことや、当事者が相互利益を追求することを仮定しない。彼の考え方は政治的というよりも倫理的なものであり、もしそれを政治的なものにするとしたら、政治的な善の説明が必要になることを認めている。そのような説明が適切に定式化されれば（たとえばスキャンロンが共感を示している中心的ケイパビリティの観点から)、私のケイパビリティ・アプローチとは構造的に依然として多少異なるだろうが、私と同じ考え方を使うことになる。というのも、私は政治的正当化の説明を明確にする際に、理由のある拒否、またはそれに非常に近い概念を採用しているからである。このように、古典的な形の社会契約論の伝統は拒否されているが、公平な合意という核心の考え方は生き残っている。最善の情報に基づく欲求理論とケイパビリティ・アプローチの間の収斂を探し求めるのは望ましいと思われるのと同様なことが、ここでも言える。そのような契約論的アプローチが私たちと同様の結果をもたらす限り、私たちは正しい道を歩んでいるという確信が生まれるのである。

政治的リベラリズムと重なり合う合意

ケイパビリティ・アプローチは、ロールズといくつかの領域で対立しているとはいえ、政治的正義に対する彼のアプローチのある重要な側面については支持し、発展させている。それは**政治的リベラリズム**の考え方である。すべての社会には、人生の意味と目的について、宗教的・世俗的な複数の見解が存在することを考えると、これらのうちのひとつだけを選ぶ政治的見解を採用することは、戦略的に賢明ではないと思われる。そのような政治体制は、少なくとも自由の条件下では不安定になる可能性が高い。しかし、このことは、ひとつだけの見解を選ぶような政治的教義に対する唯一の、あるいは主要な異議ですらない。より深刻な道徳的問題は、そのような教義が、異なる見解を持つ市民を十分に尊重しないことである。そのような見解は、たとえば、反対意見を抑圧したり、正統派の条件を設けて役職につく人の能力に結びつけたりする場合には最悪である。しかし、穏健な宗教的（または反宗教的）体制ですら、内集団とさまざまな外集団を作り出すことによって平等を脅かす。それは、すべての市民が平等な条件で公共の場に参加しないということになる。人々を平等に尊重するためには、包括的教義（宗教的なものであれ、世俗的なものであれ、人生における価値や意味に対する全般的アプローチ）に沿って市民を分断する宗教的・形而上学的な問題について、政府は可能な限り、特定の立場をとることを避けるように求められるだろう。

もちろん、政治的見解は道徳的立場をとらなければならず、不偏性や人間の尊厳に対する平等な尊重といった明確な価値観に基づいて政治原理を定める。しかし、そうした価値観は、市民が理性的に抱く多くの包括的教義の一部であるか、そうなることができる。もしそれらが、議論の余地のある形而上学的観念（不滅の魂の概念など）、認識論的観念（自明の真理の概念など）、またはより厚い（内容を伴う）倫理的教義（カント主義やアリストテレス主義など）に基づくことなく、あえて「薄い」方法で表現されるなら、異なる宗教的・世俗的立場にある幅広い市民の是認を得られる可能性がある。求められるのは、ケイパビリティ・アプローチの基本的な考え方を、包括的な人生の指針としてではなく、**政治目的のためだけに**支持すること、そして、それらを特定の領域、つまり政治的領域の内部だけで有効なものと見なすことである。ここでいう是認とは、これらの考え方で生きていかなければならないとしぶしぶ認めるという意味にとどまらない。是認は、本人がこれらの考え方を、生き方に関する自らの全般的見解の一部として実際に受け入れることを意味する（ロールズは、人の包括的教義の残りの部分に接続できる「モジュール」のイメージを使用している）。

ロールズも私も、基本的な政治原理（彼の場合は正義の原理、私の場合はケイパビリティ・アプローチ）に関する「重なり合う合意」が社会にすでに存在していなければならないとは考えていない。私たちが要求するのは、時間をかけて、社会がその合意に到達することができると想定しても不合理ではないような、是認に至るもっともらしい道筋があることだけだ。また、重なり合う合意は、考えの異なる人々を抑圧する必要もない。どのような社会にも、女性の平等な投票権に反対する人や、人種隔離に賛成する人のように、社会を統治する政治的教義の一部を受け入れられない人は存在するだろう。こうした人たちは、他人の権利を侵害したり、暴力的に社会秩序を乱したりする差し迫った危険性がない限り、その社会で生き続け、自由に意見を述べることができる。その人数が非常に多ければ、その存在は政治体制と憲法の安定性を脅かすだろう。しかし、ロールズと私は、現代社会の主要な包括的教義のほとんどが、やがては私たちが主張する原理を支持するようになることを示せると信じている。

動物の権原の強力な擁護を政治的見解に含めると、合意形成は長期的な課題となる。しかし、この場合でも、動物のまともな生活環境の閾値については合意が形成されていくと私は信じている。

重なり合う合意と平等な尊重の考え方がとくに重要な領域のひとつに、宗教とその国家との関係がある。ケイパビリティのリストは、信教の自由に重要な位置づけを与えているが、人間の尊厳を平等に尊重するという基本的な考え方と、宗教の保護をどのように両立するかについては述べていない。しかし、この問題についてはもっと多くを語ることが可能で、私は『良心の自由』という著書でそれを試みた。私は、人々の尊厳を平等に尊重するためには、自由な実践の十分な保護が必要であると考えている。これには、アメリカの法律で「便宜（accommodations）」と呼ばれているものが含まれる。すなわち、少数派のために、彼らの良心に負担となる一般法の適用を免除すること、たとえば、労働日、薬物使用、強制的徴兵に関する法律の適用免除などである。また、平等な尊重という考え方は、穏健で強制を伴わない体制も含めていかなる宗教体制（国教）とも両立させることが（不可能ではないとしても）困難であると私は主張する。いかなる国教会（または世俗主義を押し付ける政府）も、優遇されている教義を信じない人たちを外集団であると言って軽蔑するのである。

宗教的ケイパビリティを平等に尊重するという構想の実現はデリケートな問題であって、政府の選択を社会的に意味づける多くの文脈的・歴史的要因に敏感でなくてはならない。さまざまな国がこの一般的目標をどのように追求してきたかを研究すると、法律（したがって立法行為と司法行為の組み合わせ）によってケイパビリティを実現するということが何を意味するのかについて洞察を得ることができる。このような研究は、原則として、すべての国のすべてのケイパビリティについて行われるべきで、ケイパビリティは、最終的には、別々にではなく他のケイパビリティとの関係のネットワークのなかで研究されるべきである（というのは、もちろん、ケイパビリティは孤立した単位ではなく、互いを形作り、最終的には総体的な集合として実現されるべき機会の集合だからである）。このように、『良心の自由』は巨大な研究プログラムの第一歩である。これを推進すればするほど、私たちはさらに自信を持って、ケイパビリティ・アプローチはやがて多元的な社会における重なり合う合意の対象になりうると主張できるようになる。

『女性と人間開発』や『正義のフロンティア』で展開されているケイパビリティ・アプローチは、政治的リベラリズムの一形態であり、いかなる種類の包括的教義でもない。よって、これを**コスモポリタニズム**〔世界主義〕の一形態と呼ぶのは間違いであり、私の政治的見解の重大な読み間違いである。このアプローチには、国内の正義のみならずグローバルな正義の説明も含まれているが、それを「コスモポリタニズム」として知られる包括的な倫理理論と同一視するのは端的に間違いである。コスモポリタニズムは通常、人の第一の忠誠心は、自分の国、地域、宗教や家族ではなく人類全体に向けられるべきだという見解として定義される。コスモポリタンは、おそらく私が推奨することのほとんどを受け入れることができるだろう。しかし、すべての市民が（まず自分の国で、そして第二段階としてはすべての国で）一〇のケイパビリティの最低限の閾値を満たすべきだという考えを受け入れるためにコスモポリタンになる必要はない。宗教的および世俗的な主要な包括的教義のほとんどはこの考えを受け入れることができるだろうと私は主張するが、包括的コスモポリタニズムを受け入れることができる教義はほとんどないだろう。ひとつ例を挙げれば、ローマ・カトリック教会の社会的教義はケイパビリティ・アプローチの国内外の要求とかなり一致しているが、正統派のローマ・カトリック教徒はコスモポリタンではありえない。というのも、コスモポリタニズムは、私の第一の義務は神や自分の宗教ではなく全人類に対してであると主張するからである。私自身の包括的な倫理的教義がコスモポリタンであるかどうかは別問題である（そうではないが、近いものである）。ここで重要なのは、ケイパビリティ・アプローチはあくまでも政治的教義であり、重なり合う合意の対象となることを目指しているという点である。そのため、それは包括的な倫理的教義をいっさい推奨すべきではないし、そうした教義に基づいて構築されるべきでもない。これをコスモポリタニズムの一形態と呼ぶのは、すべての近代国家が持つ宗教的・世俗的教義の多様性を尊重していないと言うに等しい。しかし、その多元性を尊重することは、私の理論的アプローチの中心的な目的である。

帰結主義と義務論

倫理学や政治学における哲学的アプローチは、通常（ときには過度に単純に）二つのグループに分けられる。帰結主義的アプローチは、ある選択肢が最善の帰結を最大化するか、そしてどの程度、最大化するかを問うことによって、その選択肢の善さを評価する（そして、善い帰結とは何かについて何らかの説明を提供する)。言い換えれば、何が善いかという概念から出発して、その観点から正しい選択を定義する。義務論的な見解は、義務や正しい行為の概念から出発して、正しいという制約の枠内でのみ善の追求を認める。よって、カントは、道徳的主体が幸福を追求することを認めるが、それは尊重と不偏性の基礎に立つ道徳の制約の枠内に限られるのである。

この区別はかなりおおざっぱなものだ。義務論的見解は、善の追求に積極的価値を与えることができ、カントの見解はたしかにそうである。帰結主義的見解は、センがはっきりと主張しているように、善い帰結の説明のなかに、権利の保護のような、標準的には義務論的と理解される要素を組み込むことができる。帰結主義が、権利を義務的なものとして扱うのではなく、善の他の要素に対してバランスをとるものなのかさえ、明らかではない。というのも、善の説明は、優先順位を伴う階層構造をなしているかもしれないからである(ただ、それはセンが好むような説明ではない)。

ケイパビリティ・アプローチは義務論と密接な関係がある。その最も重要な歴史的先駆者の一人がカントであり、このアプローチによれば、社会厚生はけっして人々の基本的権原を侵害する方法で追求されてはならない。実際、功利主義が一人ひとりの人間や人間尊重の考え方に適切な重要性を認めていないとする点で、ケイパビリティ・アプローチはカント派に同意する。私が『女性と人間開発』以降の見解の中心にしている、**各人を目的とするという原理**は、人間性を目的として尊重し、けっして単なる手段として扱ってはならないというカントの義務論のひとつのバージョンである。

ケイパビリティ・アプローチは、政治的リベラリズムを取り入れる点でも、義務論に近い。帰結主義は通常、包括的教義として提示される。つまり、どこでも、どんなテーマでも、正しい選択とは、その理論で定義される善い帰結を最大化する選択のことである。帰結主義者は通常、生活の政治的領域とそれ以外の領域とを区別せず、提言を政治的領域に限定することもない。彼らは、自分たちの選択の方法はどこでも正しいと言う。そのため、市民に対して、政治的リベラリズムの観点からすると不合理な要求をすることになる。多くの宗教的な市民は、一〇のケイパビリティに基づく社会を支持することにまったく異存がないかもしれないが、正しい選択はつねに善い帰結を最大化する選択であると認めようとはしないかもしれない。彼らの宗教は正しい選択について異なる説明をするかもしれないのである。よって、帰結主義が（よくあるように）「正」と「善」の包括的見解として提示されるとしたら、それは、いかなる形の政治的リベラリズムにおいても（ケイパビリティ・アプローチや他のアプローチに支持されていようと）、政治原理の基礎を提供することはできない。

しかし、別の見方をすれば、ケイパビリティ・アプローチは帰結主義の従兄弟、あるいは政治的・非厚生主義的帰結主義の一形態とさえ見ることもできる。ある政治状況が正義の観点から見て適切であるかどうかを判断する正しい方法は、結果を見ることだと宣言しているのである。市民の基本的権原は満たされていて、不安はないだろうか。それは結果指向の見解と呼べるかもしれず、義務論者がしばしば好む手続き主義的見解とは対照的である。ジョン・ロールズは、次のような明快な例を挙げている。私たちはひとつのパイを分けていて、これを公平に分けたいと思っている。公平性を考えるひとつの方法は、分配の結果を見ることである。公平な手続きとは、平等な取り分を与えるものである。もうひとつの考え方は、手続きに注目する。公平な分け方とは、全員が順番にナイフを入れることかもしれない。ロールズは自分の理論を後者の分け方になぞらえている。ケイパビリティ・アプローチは前者の例である。私たちは、ある社会を見て「その社会は最小限の正義にかなっているか」と問うとき、ケイパビリティが確保されているかどうかを見る。もちろん、公平な手続きという考え方を含むケイパビリティもある（刑法においては公正な裁判を受ける権利、その他の分野ではさまざまな種類の正当な手続きの権利）。しかし、これらは社会の運営が評価される際の善い結果の一部となるのである。

このような結果指向の正義の基準は、ケイパビリティ・アプローチを帰結主義の一形態にするわけではない。なぜなら、それは特定の政治的権原の**部分的**説明であって、社会的な善の包括的見解ではないからである。それでも、人々が実際にどれほどうまくやっているかを知ることに真の関心があり、この意味で、ケイパビリティ・アプローチを社会厚生の促進に焦点を当てるアプローチに分類することは妥当である。もちろん、厚生は選好の満足ではなくケイパビリティの観点で理解される。

政治感情と安定性の問題

すべての政治的見解は、とくに人々に広範な要求を行うものは、時間がたっても安定しうることを示す必要がある。それは、人々にしぶしぶ受け入れられることから生まれる安定だけではなく、その見解の重要な要素が十分な情報に基づいて受け入れられることから生まれる安定であり、それを支持する動機の安定である。ケイパビリティ・アプローチは、社会契約が参加者全員の相互利益になるという考え方に依存しない。この考え方は、古典的な社会契約論が、その原理の安定性を期待できる理由を説明するのに有効であった。このように契約を設定することのひとつの利点は、広範な利他主義に頼る必要がないことだった。対照的に、私の考えは利他主義に頼る必要がある。したがって、利他的な動機がいかにして、なぜ生じるのか、他のどんな動機と競わなければならないのか、そしてどうすれば役に立つ感情を社会的に好ましい形で育むことができるのかについて、多くを語る必要がある。インドの基礎を築いたガンジーとネルーは、どうすれば政治家は利他主義と不幸の救済を中核に据えた公共文化を構築することができるかについて、長い間、入念に考えた。しばらくの間、彼らはそうしたが、今日ではその合意が崩れつつある。まともな社会における市民感情の説明が緊急に必要である。

この作業は、家族、社会規範、学校、そして政治制度がインセンティブを生み出す方法について考えることを伴う。また、さまざまな感情がどのように生まれ、展開するのか、それらの構造はいかなるものか、そしていかに相互作用するのか。そういった概念的思考も必要である。

制度化

ケイパビリティ・アプローチは、野心的な一連の目標を示す地図を描いている。しかし、そこに到達するための方法についてはどう述べているだろうか。たしかにそれは、リスト上のすべてのケイパビリティが重要であって、あるケイパビリティを別のケイパビリティに従属させることは完全な正義を達成するためのレシピにはならないと主張している。また、最終章で説明するように、憲法の設計と制度的構造についてもいくつかの提言を行っているが、後者ははるかに多くの作業が必要な分野である。明らかに、中心的ケイパビリティを制度化するための主要な経路のひとつは、基本的権利に関する憲法裁判の国家制度である。最後に、このアプローチが政策立案者に想起させる目標はつねに、特定の機能の様式を人々に強制するのではなく、リストが中心的と定める分野において人々に選択肢を提示することである。このように選択を重視することで、政策立案者が検討すべき制度化戦略を形作る。

制度化のためのさらなる推奨事項は、ある程度、文脈に即したものでなければならない。人々が中心的ケイパビリティの閾値を超えるようにするためのレシピは、その選択の文化的、政治的、歴史的な文脈の詳細な知識に基づくのでなければ、おそらく役に立たないだろう（この理由のため、『女性と人間開発』は、世界中の女性が何を必要とするのかを説明するのではなく、インドの特定の地域に関する本として書かれたが、より一般的な問題についてのいくつかの結論は私の特定の研究で示唆されている）。しかし、バサンティの話に戻ると、このアプローチが提供する指針はさらに進んだものであることがわかる。ケイパビリティは孤立した原子ではなく、相互に作用し、情報を与え合う機会の集合であると見られている。そのため、ウルフとデ・シャリットが強調しているように、他の機会を生み出す機会である肥沃な機能（というよりケイパビリティ）を特定することは理にかなうのである。肥沃なケイパビリティ自体が、ある程度、状況に依存するものだが、すべての国で教育が含まれることはほぼ確実である。教育は、雇用の選択肢や政治的発言力につながるだけでなく、家庭内での交渉力を強化し、したがって自分を主張する力を与えてくれる。バサンティは、私と出会った頃、教育を受け始めたばかりだったが、明らかに、両親が彼女に教育を受けさせなかったため、長期にわたって気後れしていた。SEWAの教育プログラムは、技術的スキルだけでなく、批判的思考や、想像力と情報を駆使して自分が置かれている歴史的・政治的状況を把握する能力など、彼女のような多くの女性に、それまで持っていなかった選択肢を与えてきた。これは発展途上国の人々に限ったレシピではない。豊かな国でも、貧しく恵まれない市民は教育を受けていないことが多く、教育に焦点を当てた介入は、ここでもとくに肥沃なものとなる可能性がある（サファイアの小説『プッシュ（*Push*）』を考えてみよう。この作品は映画『プレシャス

（*Precious*）』として近年、大成功し、高い評価を得ている。この小説は、ひどい暴力や剝奪を伴う人生に臨機応変に対処する女性の能力と、もっと言えば、正当な扱いを受けるべき、尊厳と価値ある人間としての自分自身に対するこの女性の感覚全体に読書が与える多大な影響を示している）。

バサンティの場合、もうひとつの肥沃なケイパビリティは所有権、つまり信用によってもたらされた独立性である。信用も土地所有権も、他のケイパビリティの源泉として非常に重要である。たとえば、雇用機会、家庭内暴力から身体の不可侵性を守るケイパビリティ、そして明らかにバサンティがＳＥＷＡの融資を受けて初めて享受できるようになった、ある種の自信と自尊心である。

最後に、ウルフとデ・シャリットが研究した集団（豊かな先進国のものであることを忘れてはならない）では、バサンティの場合と同じく、とくに肥沃なケイパビリティは連帯である。つまり、自分に敬意をもって対等な存在と見てくれる人たち、そして自分のことを気にかけ、共通のプロジェクトに参加する覚悟のある人たち（バサンティの場合はＳＥＷＡの女性たち）とのつながりを持つことである。

政治家には、希少な資源を最も肥沃なケイパビリティに充て、それがさらに他の分野での改善をもたらすことを期待する理由があるように、ウルフとデ・シャリットが腐蝕性の不利と呼ぶもの、つまり他の分野での欠如につながるようなケイパビリティの欠如を取り除くことにエネルギーを注ぐ理由がある。概念的には腐蝕性の不利は肥沃なケイパビリティの裏面であるが、必ずしも肥沃なケイパビリティの理解から単純に読み取れるものではない。たとえば、人種差別や汚名は、腐食性の不利の源泉であり、それはある意味で連帯というケイパビリティの欠如でもあるが、単に連帯のケイパビリティを研究しただけでは発見できない。同様に、一般的に肥沃なケイパビリティとしての教育だけを考えていたのでは予測できなかった形で、現地の言語を話せないことが腐蝕的であることをウルフとデ・シャリットは発見した。そうであれば、各社会には、とくに腐蝕的と思われるような不利を正確に特定し、希少な資源を使って最優先でそれに対処する理由がある。多くの場合、これらは、疎外、汚名、その他の形の集団的な無力感に関連する欠如であり、社会としては集団的な救済策を採用する理由となるが、目指すべき目的はつねに各個人の完全なエンパワーメントである。

第5章　文化の多様性

人間の中心的ケイパビリティのリストは、単一のリストであるが、非常に一般的なものであって、多くの異なる方法でさらに具体化することができる。人間開発のパラダイムは、比較の尺度として用いられる場合でも、すべての国に同じ基準を適用し、一連の重要な人間のケイパビリティを国民に提供する能力という観点から国々の間に順位を付ける。ただし、私たちは非常に多様な世界に暮らしている。世界のすべての人々に単一の規範（集合）を適用することは、独裁的であり、鈍感なのではないか？　このようなやり方は帝国主義的ではないだろうか？　この重要な疑問は私たちのアプローチの研究の核心にあった。西洋と非西洋のさまざまな文化に起源を持つ研究者の国際的なチームとして、私たちは普遍主義が内包するとされる価値帝国主義について激しい論争があることを認識し、それに取り組むことに大きな関心を寄せてきた。*

ケイパビリティ・アプローチは、国際人権運動と非常に近い（私の見解ではその一種である）ため、このアプローチの具体的な貢献について取り上げる前に、まず、国際人権運動に対して頻繁に提起される反論に答えるべきだろう。人権運動（世界中のすべての人間がある基本的権原を有するという見解の最も一般的かつ影響力の大きな形態）は西洋に起源を持ち、国際的な人権規範を人類の主要な目標として承認することは、非西洋文化の西洋イデオロギーへの従属を強化するものであるとしばしば言われてきた。非西洋文化は最近ようやく植民地支配から抜け出したが、新たに植民地化されているというのである。この議論をどう理解すべきだろうか。

第一に、それは議論になっていない。仮に人権というものが歴史的に西洋のものだとしても、その事実自体は、人権を他の国には適さないものとして拒否する理由にはならない。人々はいつでも何かを借りるものであり、文化がその外に起源を持つ素材を利用する臨機応変さは、人類の歴史において最も重要な事実のひとつである。さらに、社会はときに、外来の見解のほんの小さな断片だけでなく、もともと外部から来た大きな体系的見解を借りることもある。キリスト教、仏教、イスラム教、マルクス主義を含む世界の主要な文化運動のすべては、ある場所と時間に特定の起源があったが、人々がそれらに惹かれたために、起源の場所を超えて広範囲に広がっていった。この現象を本質的に好ましくないと考える理由はない。マルクス主義が西洋に起源を持つという理由で、非西洋諸国がマルクス主義を受け入れないと主張されたことはほとんどない。マルクス主義の採用は間違いだったかもしれないが、その理由は、マルクス主義がドイツ系ユダヤ人の大英図書館での仕事から始まったからではない。さらなる議論が必要である。人権についての同様の主張にもはや説得力はない。西洋以外の文化は人権運動に含まれる概念を採用すべきではないという理由をさらに

＊　たとえば、センはベンガル系インド人である。彼はイギリスの市民権を得て、現在はアメリカに住んでいるが、インドの市民権を持ち続け、インドの政治や文化に深く関与し続けている。私はアメリカ市民だが、仕事柄、研究のためにインドに行くことが多く、その他のさまざまな国にも行っている。「人間開発とケイパビリティ学会」創設時の中心メンバーには、以下のような国籍の研究者がいる。パキスタン、日本、ブラジル、オランダ、イタリア、バングラデシュ、イギリス、アメリカ。会員の出身国は八〇に及ぶ。これまで、会長には、インド人二名、イギリス人一名、アメリカ人一名が就任している〔二〇二四年現在、インド人三名、イギリス人とアメリカ人各二名、オランダ人、カナダ人、南アフリカ人、イタリア人各一名。うち女性が五名〕。

示せないのであれば、中身のあることは何も言っていないことになる。

しかし、歴史についての命題としてさえ、「帝国主義」という非難は重大な困難に陥る。アマルティア・センが示したように、人権の考え方の構成要素は、インドと中国の両方の伝統に存在する。人権はヨーロッパの啓蒙主義において特定の形で構成された（それ以前は西洋哲学の伝統自体がこの考え方の一部の要素しか持っていなかった）が、この事実は、人権の考え方がその深層構造において西洋に固有のものであることを示すわけではない。啓蒙主義にしばしば関連付けられる考え方のいくつかは、西洋に存在するはるか以前にインドに実在していた。たとえば、宗教的寛容の考え方は、紀元前三世紀から二世紀にかけての仏教徒アショーカ王の思想に見出すことができる。

一九四八年の「世界人権宣言」に始まる国際人権運動の現代の立役者は、エジプト、中国、フランスなど広範な国々の出身であった。広範な文化的・宗教的伝統を持つ人々に受け入れられるように、慎重にリストを策定したのである。最近では、主要な国際人権文書はすべて国際的なチームによって策定されており、非西洋諸国の人々が顕著な役割を果たしている。通常、反対者が最も恐れる帝国主義的役割を演じるアメリカは、この運動を主導していない。それどころか、アメリカは、女性差別撤廃条約（ＣＥＤＡＷ）や子どもの権利条約（ＣＲＣ）など、主要な人権文書のほとんどを批准していない。この二つの条約はアメリカ以外のほとんどの発展途上国と先進国に批准されている。* 人権に消極的な世界にアメリカが人権規範を押し付けようとしていると示唆するのは、はなはだしい無知を示している。

さらに、植民地主義の歴史をよく見てみると、植民地化された国で植民地の人々に「西洋の価値観」を受け入れるように植民地支配者が要求したことから人権規範が生まれたのではないことがわかる。むしろ、人権規範は、恣意的な植民地権力への抵抗の産物であると見るほうがはるかに正確である。憲法で人権がかなり包括的に擁護されているインドを考えてみよう。イギリス領インドは、言論の自由、結社の自由、政治的自由などの規範をインドに持ち込まなかった。そうした規範は、本国では一部の地域で、一部の人々によって、一部の人々のために擁護されていたかもしれない。しかし、インドを統治するにあたって、イギリス人は人権思想を完全に軽視した。インド人は、帝国と人権という考え方を結びつけることはほとんどできなかっただろう。というのも、強制的な隔離や結社の自由の否定、自由な発言や抗議を試みる人々への（ときには死に至らせる）暴行、起訴（罪状）も裁判もない逮捕や拘留、その他、数え切れないほどの攻撃に毎日耐えていたのだから。一九一三年にノーベル賞を受賞した詩人のラビンドラナート・タゴールは、一九一九年にイギリスの人権侵害の残虐行為に抗議して爵位を返上し、西洋文化は人間性を尊重せず、恣意的な権力を基礎にして成り立っていると評した。多くの西洋の思想家を称賛していたタゴールは、西洋文化には

＊　ＣＥＤＡＷを批准していない国は、アメリカ、イラン、トンガ、パラオ、ソマリア、スーダン、ニウエ、そしてバチカン市国（もちろん「西洋の価値観」の源泉の中心）である。ＣＲＣは、アメリカとソマリアを除くすべての国連加盟国が批准している〔アメリカは一九八〇年にＣＥＤＡＷに署名し、一九九五年にＣＲＣに署名したが、いずれも批准はしていない。二〇一五年にソマリアがＣＲＣを批准した〕。

敬意や権原の考え方など、他の水脈があることをよく知っていたが、ヨーロッパ以外の世界に対するヨーロッパの行動は、当時、権利の軽視が支配的であったことを指摘したのだ。

ずっと後になって、ガンジーとネルーが人権という強固な基盤の上に新しいインド国家を建設することを主張したのは、独立闘争中にイギリス人から人権を侵害され続け、長年にわたって苦しんでいたからだ。二人、とくにネルーは、平和的な抗議行動という「罪」でイギリスの刑務所に長く収監された。ガンジーは西洋文化を愛することはなかった。タゴールのように、西洋文化を物質的で権力に駆られていると見なしたのである。ガンジーは人権の固有の重要性を認め、その基礎は、究極的には、自分が解釈したインドの伝統に見出せると主張した。

南アフリカ共和国の憲法起草における人権の役割についても同様なことが言えるだろう。人権を強く意識したこの現代国家の憲法は、アパルトヘイト（人種隔離政策）のもとで日々侵害されてきた人間の尊厳を、将来のいかなる専制体制も侵害することのないように、人間の尊厳の保護を成文化しようとしたものである。南アフリカの憲法は、ジェンダーや人種に基づく差別だけでなく性的指向による差別も禁止していたという驚くべき事実を考えると（一九九六年にアメリカはソドミー法〔「自然に反する」とされた性行為を禁じる法律〕の合憲性を認めており、また、他のどの国もこの問題について真剣に法的措置を講じるずっと以前だった）、強者の暴政から弱者を守ることがいかに憲法起草者たちの企ての核心にあったかがわかる。

こうして、人権に対する「帝国主義」的反論は破綻する。人権のアジェンダは、すべての人の平等な価値と尊厳を支持する。平等な価値という考え方は、とくに西洋的なものではなく、けっして帝国主義的なものでもない。人権プログラムは、強者に対する弱者の味方である。

しかし、国際開発の世界では、「帝国主義」批判に基づく反論が非常に大きな影響力を持っている。よって、以上のような指摘を何度もせずにすむためには、ケイパビリティ・アプローチが、人権アプローチと結びついているとはいえ、主な起源がインドにあり、その精緻化は国際的な研究者グループが行ってきたという事実に注目させるとよいだろう。さらに重要なことは、ケイパビリティ・アプローチが現場に近いことである。それは、「人権」のような概念がときに思い起こさせるような高尚な理論的概念を中核に据えていない。代わりに、実際の人々が毎日の生活の多様な状況で自分自身や他者に投げかけるような質問をし、それに答えようとする。「私は何をすることができ、何になることができるのだろうか？　私の真の選択肢は何だろうか？」N国の人々は人権という概念を持たないと主張することは普通は間違っていると私は考えるが、それでもそう主張することは少なくとも可能である。しかし、N国の人々は「自分には何ができ、何になれるのか」と一度も自問したことがないという主張は、まったく受け入れがたい。このように、ケイパビリティ・アプローチは、現場の近くにとどまることで、権利や帝国主義をめぐる、混乱した、そして混乱を招く抽象的な議論を回避することができるのである。

より一般に、多元主義と文化的価値の問題全体をよく考える際には、いかなる文化も一枚岩ではないことを念頭に置くべきである。すべての文化にさまざまな声が含まれており、ある場所の「伝統なるもの」は、往々にして文字媒体や政治的表現により頻繁にアクセスできるような、その文化の最も有力なメンバーの見解でしかない。ある文化の「見解なるもの」のまっとうな経験的説明を手にする前に、少数派、女性、農村部の人々、標準的な説明では見過ごされがちなその他のグループの見方を探し出す必要があるだろう。この点を理解すれば、伝統的な価値観にそもそも規範的権威があると考えるのは非常に難しくなる。伝統は会話や議論を提供するだけであり、私たちはそのなかのさまざまな立場を評価するだけである。ケイパビリティ・アプローチは、すべての人の尊厳という考え方を指針としてそうすることを提案するのである。

それでも、人々の選択は異なるという事実を無視してはならないし、人々を尊重するためには、人々が選択を行う自由の領域を尊重する必要がある。なかには個人的で特異な選択もあるだろうが、多くは文化的、宗教的、民族的、政治的なアイデンティティと関係するものである。よって、規範的な構想の枠組みを作る際には、選択の尊重に十分な注意を払い、人々が自らの選択に従って自己を表現するための空間を守る必要がある。私たちのアプローチが、政治的価値の規範的内容について確定的な主張をする場合には、いっそう明確かつ明示的にそうする必要がある。私たちは、人々の生活の中心的な意味を持つ領域で、この内容が人々の選択能力を不適切に阻害しないようにしなくてはならない。たとえば、輸血のような特定の救命医療の提供の義務化を主張すれば、輸血を受け入れないエホバの証人の良心的選択を無視することになる。この種の問題は、機能ではなくケイパビリティを適切な政治的目標とすることで回避される。

センは、これまで見てきたように、教育と健康、そしてジェンダーの平等に焦点を当てることで、内容の問題に関する自分の立場を明確にしている。しかし、私自身のより明示的なリストは、より広範で確定的なコミットメントを示しており、そのため、押しつけがましいとか、あるひとつの宗教的・文化的価値観の方向に偏っているのではないかという批判をはるかに受けやすい。私は文化的・宗教的表現の自由が重要な問題であると信じているため、いくつかの方法で私の見解が文化的多元主義に敏感であるようにしてきた。

第一に、ケイパビリティのリストは、人間の尊厳という概念を中心とする、批判的な規範的議論の過程から生まれたものである。すべての尊敬できる哲学的議論と同様に、この議論も、批判され、反論され、議論されるように提示されている。人々はよく考え、説得力があると思えばこれを受け入れることができる。このリストは変更可能で、つねに修正され、再考される可能性がある。

第二に、私のアプローチは、リストの項目を意図的にいくぶん抽象的かつ一般的に規定している。これはまさに、市民、立法府、裁判所による具体化と熟慮に対応するためであり、そうした抽象的な原理を、憲法や他の建国関連の政治文書において、少しでも正当性をもって実現するために、必要なことである。一定のパラメータの範囲内で、各国が固有の歴史や特別な事情を考慮して異なる方法を採用することは、まったく問題がない。たとえば、ドイツにふさわしい言論の自由の権利（反ユダヤ主義的な文章や政治組織の完全な禁止を認める）は、環境の異なるアメリカ（憲法修正第一条に基づく言論の自由の考え方はそうした活動を保護するとしてきた）では、おそらく制限が強すぎるだろう。言論の自由を定義し、保護するアプローチには、正当なものが複数あるが、なかには許容できないほど抑圧的な政策もある。ある状況が適切さの閾値を下回るかどうかは、通常、広範な事例と突き合わせて「現場で」決定されるが、確実に言えることは、異なる市民グループに異なる程度の言論の自由を割り当てるような政策は、自動的に閾値を下回るということだ。

第三に、このリストは、ジョン・ロールズの言葉を借りれば、独立した「部分的道徳構想」の一部として提示されている。つまり、リストは政治目的のためだけに明示的に導入されたものであって、文化や宗教の違いによって人々を分断するような形而上学的な考え方に基づくものではない。ロールズが彼自身の基本原理について述べているように、私たちはこのリストとそれが組み込まれている理論的アプローチを、人生の究極的な意味や目的について宗教的にも世俗的にも非常に異なる構想を持つ人々に支持されうる「モジュール」と見なすことができるのである。人々は、リストを多くの方法で自らの宗教的・世俗的な包括的教義と結びつけるだろう。世界人権宣言のように、ケイパビリティ・アプローチは実践的な政治目的のための合意を求める。そして、神、魂、人知の限界といった、人々を教義によって分断するような深刻な軋轢を生じさせる問題について言及することは意図的に避けている。こうした戦略は、多様性の尊重を表明する方法であって、それは宗教の分野で国教樹立禁止の原理〔合衆国憲法修正第一条など〕が、宗教の有無にかかわらず、すべての市民の平等な尊重を表明しているのと同じである。実際、宗教とケイパビリティに関する私のより詳細な研究では、宗教の分野で人間のケイパビリティと平等を擁護するために不可欠なものとして、国教樹立禁止原理を、非常に強力な信教の自由の原理とともに強く擁護している。

第四に、私のアプローチはケイパビリティのリストを採用し、政府の仕事は一〇のケイパビリティすべてにおいて全市民を閾値以上に引き上げることだと理解される。そうした仕事は、関連する機能を市民に押しつけるという考え方からは明確に区別される。ケイパビリティを持つ人々は選択肢、つまり自由の領域を持っている。関連する機能を選択する（たとえば栄養価の高い食事をする）こともできるし、避ける（断食や不健康な生活様式を選ぶ）こともできる。政治目標としてケイパビリティに焦点を当てるということは、多元主義を擁護することである。ある一定のケイパビリティを基本的権原として支持したいと考える多くの人々でも、関連する機能が基本的なものとして義務化されたら、侵害されたと感じるだろう。したがって、アーミッシュのような信仰心の強い市民は、投票権を認めることはできるが、投票を義務化することは宗教の考え方に反するため、深く侵害されたと感じるだろう。宗教の自由な実践を支持する人々は、ある種の宗教的機能（強制的な宗教的宣誓、役職のための宗教的試験など）をすべての市民に無理強いするような宗教の国教化には真っ向から反対するだろう。敬虔なバサンティは、インド憲法が認める信教の自由を行使するが、友人のコキラは無宗教であれば、その自由を行使しない。しかし、二人ともその憲法の規定を支持することができる。インドには宗教の違いが存在し、同胞市民を尊重するため、すべての市民がそうした自由の領域を持つことはよい考えであるということに、二人は同意できるのである。

第五に、多元主義を擁護する主要な自由は、ケイパビリティのリストの中心的な項目である。言論の自由、結社の自由、良心の自由、政治的アクセスと機会、これらはすべて文化的および宗教的多元主義を擁護する社会の重要な要素である。これらをリストに載せることで、中心的で譲れない地位を与えるのである。対照的に、何であれ地域の伝統に単純に従う政治的構想を考えてみよう。世界のほとんどとは言えずとも多くの社会において、そのような政治的アプローチは多元主義を擁護しない。なぜなら、多くの地域の伝統は、宗教の自由な実践や意味のある多元主義の他の要素を支持しないからである。多元主義の尊重は、この点で、文化相対主義や伝統の尊重とはまったく異なる。多元主義は、すべての市民の選択を擁護する包括的価値観を社会が明確にすることを要求するのである。

最後に、「植民地主義」批判においては、このようなリストの作成者が、政府（とくに強力な西洋諸国の政府）に対して、アプローチに体現された価値を支持しない国を非難して力ずくでそれを押しつけるように迫ることが想定されている。しかし、ケイパビリティ・アプローチはそのような進め方をいっさい認めない。私のバージョンは、正当化の問題と制度化の問題をしっかり分けるべきだと主張する。私は、このリストが世界中の政治原理のための優れた基礎となることを適切な議論によって正当化できると信じている（正当化にさえ民主主義の要素が含まれている）。つまり、このアプローチが正当化されるのは、十分な情報に基づく欲求が表明されて、長期的には収れんすることが示される場合のみである）。正当化されれば、関係者は自国でこのアプローチを推進し、国際的文書のなかにそれを体現する努力に正当な理由が与えられることになる。しかし、このアプローチの目標を承認または制度化していない国の問題への介入を容認することは、まったく別の問題である。（国家主権は人間の自由と、すべての人間が自分たちで選んだ法律を持つための基本的権原の重要な表現であると主張する）私のケイパビリティ・アプローチのように、政治的アプローチ自体が国家主権の強力な擁護を含むのであれば、正当性の最低基準を満たしている国が強制的な「人道的介入」を受けない、強力な障壁をすでに築いたことになる（この最低基準は、完全な正義の基準よりもはるかに低いと私は考えている。完全な基準を十分に満たす国は存在しないと言ってよい）。

私は（人道的介入の標準的な説明に従い）、軍事・経済制裁が正当化されるのは、ジェノサイドのような伝統的に認知されている人道に対する罪を含むきわめて重大な場合に限られると考えている。そうした罪がある場合でさえ、介入はしばしば戦略的な誤りとなる。とくにその国が民主主義国であり、凶悪な行為を止めるよう説得できる場合にはそうである。そのため、二〇〇二年にインドのグジャラート州で多くのイスラム教徒が殺害された事件はジェノサイドの定義に合致すると私は主張したことがあるが、民主主義が発達しているインドの内政に外国が介入していたら、きわめて軽率だっただろうと考える。残虐行為に対する国際的な非難は重要であり、加害者を賓客として自国に迎え入れることを拒否することも重要である（アメリカは賢明にも、ジェノサイドの加害者であったグジャラート州首相〔当時〕のナレンドラ・モディへのビザ発給を拒否した）。しかし、民主主義自体が問題に対応できる適度な可能性がある限り（実際、七年後の現在までにかなりの程度、うまく対処された）、強制的に介入するのはまったくの間違いであろう。

したがって、反対派の主な懸念は正当化されないと思われる。国民の同意に基づく国家主権が、ひとつのパッケージの非常に重要な部分であることが明らかになれば、適切な議論に裏打ちされた優れた考え方としてあらゆる人に何かを勧めることに反対するのは難しい。

第6章　国家とグローバルな正義

初期のケイパビリティ・アプローチは、国民国家に焦点を当てて、国家がどれだけうまく国民のケイパビリティを促進しているかを問うものだった。また、国連開発計画（UNDP）の報告書でこのアプローチを比較に使う際にも、国家が中心となっており、さまざまな方法で国家間に順位を付けるが、豊かな国が貧しい国の人々のケイパビリティを促進する義務については、ランキングのなかで何も述べていない（対照的に、『アラブ人間開発報告書』は国を超えて地域に焦点を当てる）。私が社会正義の理論を構築するためにこのアプローチを最初に使用した際には、やはり国家に焦点を当てて、それぞれの国の政府の任務は、すべての人の中心的ケイパビリティを支援することであると示唆した。

国家は出発点として便利であるだけでなく、道徳的な重要性を持っている。国家は（少なくともまずまず民主的であれば）、国民を究極の源泉とする原理と法律の体系である。よって、国家は国民の自律性、すなわち、自ら選択した法律のもとで生きる権原の重要な表現である。このように、ケイパビリティ・アプローチの重要な側面、とくに実践理性と政治的エンパワーメントを尊重するなら、国家に中心的な位置を与え、まずまず民主的な国々の国家主権が守られる世界を目指すことになる。そのような世界では、国家は、せいぜい最低限の説明責任しか持たない多国籍企業や国際金融ネットワークに権力を奪われることはないだろう（今日そのリスクはあるが）。自律性を表す手段として、適切な種類の説明責任を持つ唯一の主体が国家であるかどうかは経験的な問題であるが、これまでのところ、国家よりも大きな主体で十分な説明責任を持つものは現れていないようである。欧州連合（ＥＵ）でさえ、この点で欠陥がある。

国家は広大で多様性に富む場合があり、たとえばインドは三五〇の言語と一二億の人口を抱える。また、インドやアメリカのように連邦制の国もある。しかし、それらには統一された基本的政治構造があり、憲法がその中心となる。国民の基本的権原を規定するその文書は、「我々、国民」に源泉がある（この言い回しは民主的憲法の冒頭の定番となっており、たとえば、アメリカ、インド、南アフリカの憲法はこの言葉で始まっている）。ＥＵにはそうした特徴がいくつかあるが、少なくとも現在は、多くの構成国を満足させるだけの説明責任と応答性を備えているとはいえない。もしその方向に進むとすれば、おそらくアメリカやインドのような連邦国家に似てくるだろう。もし仮に世界国家が誕生したとしても、経験や伝統の異なる人々の多様な意見に鈍感すぎるものになるため、人間の自律性という観点からはおそらく非常に不満足なものになるだろう。

したがって国家には、ケイパビリティ・アプローチにしっかり基づく道徳的役割がある。なぜなら、このアプローチは国民の自由と自己定義に中心的な重要性を与えるからだ。そして、賢明かつ効率的に運営されているほとんどの民主主義国は、リスト上のケイパビリティをかなりうまく国民に保障することができる。にもかかわらず、今日の世界には、基本的な人生の機会に関して正義の立場からは考えられないほどの不平等がある。ある人の人生の基本的な機会がその人の人種やジェンダーや階級に左右されることは許しがたいように、基本的な機会が、他の国ではなくある国に生まれたという偶然によって大きく左右されることも支持できないように思われる。しかし、それが現実である。平均寿命、教育と雇用機会、健康など、要するにリストにあるすべての項目は、国境を越えれば大きく異なり、不平等は急速に拡大している。さらに、そうした不平等を生み出す影響力は、すべての人の人生のごく最初の段階、あるいはそれ以前の段階から存在している。というのも、母親の栄養状態や健康管理が人生の機会の不平等の主要因となっているからである。もし基本的な正義が、人の権原が恣意的に制限されないことを要請するならば、現在の世界秩序においては正義がいたるところで侵害されており、(多くの人をケイパビリティの閾値以下に追いやる)不平等が存在するだけで、何らかの対応をとる十分な理由となる。

しかし、豊かな国が貧しい国の努力を支援する責任があると考える理由はほかにもある。議論の余地はあるものの、一部の人にとって重要な理由は、貧しい国の問題の多くが植民地時代の搾取によって引き起こされたのであり、それが産業化を妨げ、とりわけ天然資源を奪ったというものである。現在、再分配を行うことは、過去の過ちをつぐなう適切な方法であるように見える。

しかし、このような後ろ向きの議論を受け入れないとしても、現在の世界秩序には再分配を必須とする特徴があると主張することができる。世界経済は、豊かな国とその選択に影響を与える企業によってかなりの程度、コントロールされている。驚くことではないが、彼らは自らの利益のためにそのシステムをコントロールしている(アダム・スミスは、企業が「常備軍」のように、国内では賢明とすらいえない方法で政治過程を支配しているが、そのやり方は豊かな国が取引をしている貧しい国にとってきわめて不公平であるとすでに指摘していた)。また、国際競争のルールは、多くの点で豊かな国に有利であり、世界銀行や国際通貨基金の政策もそうである。これらが現在の世界の姿であり、貧しい国々が対等な条件で競争していないと結論づけることができるだろう。貧しい国々の状況に特別な注意を払い、再分配を行うことが、この不均衡を是正するためには重要だと思われる。

なぜ国家間の再分配を伴う政策を個人として支持しなければならないのかと自問するとき、私たちは、毎日、数え切れないほどの行動や選択において、不公平と言われるグローバル経済の一部を構成し、遠く離れた場所の人々の生活に影響を与えていることを認識しなければならない。たとえば、清涼飲料水やジーンズなどを購入するという最も単純な消費行動は、地球の反対側の人々の生活に影響を与える。ある人は、火星における不平等は私たちとは関係がなく、私たちには何の責任もないと言うかもしれない。なぜなら、私たちと火星の状況との間には何の因果関係もないからである。しかし、今日の世界の遠く離れた人々については、そのような議論はとうてい成立しない。たとえグローバル経済が貧しい国にとって不公平なものではなかったとしても、それによって私たちは貧しい国と関わりを持つことになり、その関わりをどのように継続すべきか、責任を持って考える理由を与えてくれる。

国家の場合、不平等の解決策は、その政治構造、制度のあり方、義務の割当などが中心となる。世界国家は愚案だろうというのが正しいならば、世界という舞台に出るときと同じように包括的な政治構造に頼ることはできない。したがって、世界中の市民の誰もが持つと考えてよいケイパビリティの権原に対応する義務を誰が持つのかは、もっとはっきりしない。権原の存在は、それに対応する義務を負う国家の存在から独立している。しかし、権原は義務に関係している。では、世界中の市民がまともな生活水準を享受する権原に対応する義務は誰が持っているのか。第一に、彼らの国だ。そのつぎに、豊かな国の政府はGDPの少なくとも二パーセントを貧しい国に与えるべきだ。多国籍企業、国際機関や協定、非政府組織など、これらすべてが世界中の全市民のケイパビリティを保障する役割を果たすのである。世界は流動的であり、大規模な変化は当然、義務の分配に影響を与えるから、どのような責任の割当も暫定的でなければならない。したがって、世界秩序は、正義にかなう国家にしかるべく要求される水準のケイパビリティを保障することはけっしてできないだろう。しかし、これまでよりもはるかにうまい方法で世界中の人々のケイパビリティを培うことは可能である。

グローバルな正義に対する以前のアプローチのほとんどは、間違った国家中心主義だった。国家主権は重要な人間の善であるという正しい考えを持っていたが、国家は他の国家に対して、戦争と平和の分野での貧弱なリスト以上に何の義務も負わないという誤った考えも持っていた。たとえば、カントとジョン・ロールズは、グローバルな原理の探求を、**二段階交渉**の形で想定している。まず、各国が国内の原理を定め、つぎに、それまでの合意（経済的分配に関する合意を含む）を問い直すことのできない第二段階として、各国の代表者が集まって交渉を行う。この交渉は、国民ではなく国家間のものであり、国内における義務や機会の配分については何も変えることができないため、条約の遵守、戦争、平和に関する問題に限定され、経済的再分配を伴わない、かなり空疎なものにならざるをえず、実際そうなっている。基本的な正義の問題として、すべての人がある種の重要な人生の機会に値するという考えを受け入れるならば、このアプローチはひどく不十分であると思われる。『正義のフロンティア』で私が示そうとしているように、このアプローチはそれ自体としてもおそらく不十分だが、その議論をするには根気強いテキストの検討が必要で、ここでそれを再現する必要はない。トーマス・ポッゲとチャールズ・ベイツが基本的にロールズ的な考え方を用いて**グローバルな契約**の考え方を展開していることは、より有望な出発点となる。

ケイパビリティ・アプローチが却下する、グローバルな正義へのもうひとつの有力なアプローチは、帰結主義の思想家（ほとんどは功利主義者）によるものだ。彼らはグローバルな正義の問題を主に個人的な慈善の問題と見なす（ピーター・アンガーの功利主義的な見解は、このタイプの顕著な例である）。この見解によれば、恵まれない環境にある人々を援助するために人々は自分の富や収入のかなりを与える義務がある。そのために、ユニセフ、オックスファム、ケアなどの適切な国際的慈善団体に寄付することが推奨される。このようなアプローチは、これまで議論してきた功利主義的・帰結主義的アプローチのすべての問題点を抱えている。しかし、重要でより目立つ問題があり、それは制度の役割を無視していることである。たとえば、ある国が分配問題を民間の慈善事業で解決しようとしたとする。それはうまくいかないし、そのことを私たちは知っている。第一に、それは集団行動の大きな問題を引き起こす。国家は、正義にかなうものであれば、各人に利益と負担を公平に割り当てる方法を見つけるが、各個人が独自に行動すれば、非効率で調整されないものとなる。第二に、公平性の問題を引き起こす。というのも、ニーズが本当に満たされるためには、義務を果たさない人がいる事実を補うため、費用を払う人は公平な負担以上のことをしなければならないからだ。個人的慈善の見解の世界版は、これら二つの問題の両方を抱えるのである。

それ以外にもある。人々が実際にアンガーの助言に従って、地球全体での平均効用（満足）を最大化するためにひたすら努力する世界を想像してみよう。人々が持っている、自分自身の生活を生きるという感覚や、それをどう達成するかについての裁量があるという感覚は、何も残らないだろう。功利主義の道徳は生活空間全体を飲み込んでしまうというのが、哲学者バーナード・ウィリアムズによる有名な批判である。彼によれば、功利主義は、人格の統合性という考え方、つまり私の生活と私の行動は私自身のものであるという事実の重要性を理解することができない。政治構造のひとつの利点は、人々に明確で有限の義務のリストを示して、それ以外は人々に任せることにより、遠く離れた他者に対して負うものと、自分自身の目的（私の家族、友人、大事にする動機など）のために使えるものとを区別しやすくすることである。

最後に、アンガーが推奨する世界を見てみよう。それはオックスファムや他の非政府組織が運営するものになるだろう。なぜなら、もし人々がアンガーの勧める通りに行動すれば、これらの組織は国家よりも豊かで強力なものになるからである。これらの組織がどんなに立派なものであっても（そして、私たちが望むほど正直で、効率的で、賢明であると仮定しよう）、民主主義国のように人々に説明責任を負うわけではない。もしそれらの組織が戦略を立てるときに誰かに耳を傾けるとすれば、それはたいていの場合、大口の寄付者である。私たちは、彼ら（理事や最も裕福な寄付者）がすべての権力と議題設定の機会を持つような世界を望まない。この見解は平等主義に鼓舞されているが、皮肉なことに、こうしたシナリオは、グローバルエリートのほうが民主的に選ばれた政府よりもはるかに大きな力を持つことを意味するのである。

要するに、民間の慈善は良いことをしてきたし、民間の慈善からの支援が大半を占める非政府組織は、多くの場合に大きな成果を上げてきた。しかし、どのような形の民間の援助が人々にとって真に価値があり、平等な尊重やエンパワーメントといった重要な価値を促進しているかについては、多くの見極めが必要である。

したがって、グローバルな問題には、制度的な解決策が必要である。世界中のすべての市民は、一〇の中心的ケイパビリティのすべてにおいて閾値を確実に超える支援を受ける権原がある、という出発点に立ち戻れば、個人への義務の割当に直接移行することはできない。重要な義務は制度に割り当てられるべきだ。それ以外の解決策は、実践的にも概念的にも克服困難な問題に直面する。しかし、世界国家はおそらく愚案だ。それは、国の政府が持つべきだと思われるような説明責任を果たすことはできないだろう。この点で、ＥＵは良き先駆者ではないし、国連は、国民全体に対する代表者の説明責任という点ではむしろ大失敗と言える。仮にこうした問題を克服できたとしても、世界国家というものはおそらく差異をならしすぎてしまうだろう。歴史や文化の違いは、特定のケイパビリティについて閾値を国が解釈する際に妥当な影響を与える。このような妥当な多様性は、諸国からなる世界では維持することができるが、世界国家のもとでは、たとえ維持可能だとしても、はるかに困難であろう。さらに、ある国が専制政治や国家破綻の犠牲になれば、他の国々（および準国家機関や超国家機関）がその国民からの支援の要請に応えることができるが、世界国家の場合は外部にいかなる援助も求めることができない。以上の理由から、私たちはおそらく世界国家の建設を目指すべきではないだろう。

この点で、ケイパビリティ・アプローチに体現された道徳的義務をどのように実行すべきかについて、このアプローチに取り組む人たちの間でかなり意見が分かれるだろう。ある人は、労働、環境、人権などの分野で強制力のある国際協定の強力な役割を擁護するだろう。また、ある人は、国家が少なくともいくつかの分野で基本的権原を正当に扱えない場合には、強制的な軍事的・経済的介入が正当化されるとさえ主張するだろう。私自身の立場（もちろんこのアプローチの支持者がとりうる唯一の立場ではない）では、国家主権は非常に重要であるため、国家が最低限のまともな民主的妥当性を備えている場合、軍事介入はけっして正当化されない。たとえその条件が満たされないときでも、慎重を期すれば、一般に軍事介入はかなり愚策である。経済制裁も、たとえばアパルトヘイト下の南アフリカのように、国民の大多数が実質的に統治から排除されているような重大な場合にのみ用いられるべきだ（最低限の妥当性さえ主張できる国家が存在しない場合、不介入の道徳的支持論は力を失うが、慎重に検討すれば、不介入になることが多いだろう）。しかし、説得はつねに適切であり、人間のケイパビリティの主要領域における国際協定を批准するように国家を説得することができれば、それは非常によいことである。いったん、国が批准すれば、国際協定はその国を拘束することになり、通常の国内のしくみや国際社会からの圧力によって施行できる。グローバルな統治に対するこの立場は、より積極的な国際人権体制を求める人々だけでなく、人間の福祉の分野での国際協定を優先したいと考える人々にとっても、手ぬるく空疎なものに映るだろう。私は、私の立場が健全な道徳的議論によって正当化されると信じているが、この議論は今後も続けるべきであり、続くことになるだろう。

よって、制度的な解決策は、内容の薄い分権的なものでなければならない。どの程度、どのような種類の分権化が最適なのかを評価するには、まだ多くの作業が必要である。グローバルな問題を解決するための制度としては、既存の国家が重きをなすだろう。国家は自国民に対して義務を負い、豊かな国の場合には貧しい国に対しても義務を負う。国際条約やその他の協定のネットワークは、国家のコミュニティに何らかの規範を課すことができる。他方で、企業や非政府組織も、活動する地域で人間のケイパビリティを促進する役割を果たすことができる。このような配分は、国際社会の状況の変化に対応できるように、暫定的かつ未完成のままにとどめるべきである（五〇年前には、多国籍企業の力を予見するのは困難だった。それを考慮しなかった解決策は、今日、変更する必要があるだろう）。明らかに、こうした重要な問題（ケイパビリティ・アプローチではまだ十分に理論化されていない）をさらに研究することは、将来的に最も重要な課題であり続ける。

第7章　哲学的な影響

ケイパビリティ・アプローチは現代の考え方だが、長い歴史を持っている。その背景にある直観的な考え方は多くの文化に、おそらくはすべての文化に根ざしているということを、センも私も強く主張する。人の機会や選択肢についての問い、その人が実際に何をすることができて、何になることができる立場にあるかという問いは、人間の生活のいたるところで生じる。それらはおそらく、すべての文化の一部であるだけでなく、すべての個人の生活の一部でもある。さらに、このアプローチが応答しようとする不満や抗議も、いたるところで見られるものである。「私はXをしたいが、私の人生の状況がチャンスを与えてくれない」と言わないような人がどこにいるだろうか。このようなありふれた不満に対して、このアプローチは次のように応答する。「たしかに、いくつかの非常に重要な領域で、あなたが考えていることを実行できるべきであり、もしできないのであれば、それは基本的な正義の失敗である」と。さらに言えば、人間の機会と、このアプローチが示す基本的権原や正義の考え方との関係はいたるところで見られるものである。センも同様に、人間の権原や人権の考え方のルーツは、ヨーロッパの伝統のみならずインドや中国にあると強調してきた。

哲学理論のレベルでも、ケイパビリティ・アプローチには多くの源泉がある。センにとって、ラビンドラナート・タゴールとマハトマ・ガンジー（それ以前の多岐にわたるインドの合理主義思想家については言及するまでもない）は、私がここで述べる西洋起源のものと少なくとも同じくらい思想形成に貢献したのである。センは自らの思想のインド的源泉について多くのことを書いており、この点に関するセンの文章を単に要約してもあまり役に立たないだろう。そのため、この章はあえて不完全なものにとどめておく。また、女性の自由とケイパビリティについての私自身の説明も、タゴールのヒューマニズムに基づく哲学的・文学的著作の影響を受けている。さらに、ヨーロッパの源泉のなかには、センが引用したインドの源泉と直接対話していたものもあったことを念頭に置く必要がある（たとえば、タゴールとミルは、二人ともオーギュスト・コントの多大な影響を受けており、知的な従兄弟どうしの関係にある）。現在、ケイパビリティ・アプローチの理論研究は、非欧米系の伝統を持つ人たちを含め、さまざまな国籍や伝統を持つ研究者によって熱心に進められており、本書はこのアプローチが幅広い魅力を持ち、支持されていることを示している。

欧米系の先達のなかで、私のケイパビリティ・アプローチの最も重要な源泉は、古代ギリシャとローマの著作だが、スミス、カント、ミル、マルクスも私の定式化に大きな影響を与えた。ジョン・ロールズの著作はきわめて重要で、とくに私の見解が政治的リベラリズムの一種として表現されるべきであることを確信させてくれた。T・H・グリーンとアーネスト・バーカーについては、私が見解をまとめたときには知らなかったが、アプローチの類似性を発見して啓発された。

これらの西洋の伝統は、センの知的先行者のなかにも現われ、ヒューマニズムのマルクス主義、ジョン・スチュアート・ミルの自由と自己陶冶（能力開発）に関する見解、そしてとくにアダム・スミスの経済と道徳感情に関する著作などを含んでいる。スミスは、アリストテレスとストア派の思想を近代的に再定式化し、再活性化した主要な源泉であるため、センの生涯にわたるスミスへの関心は、センをそうしたもっと古い文献に結びつけたのである。さらに、アーネスト・バーカーは、ケンブリッジ大学で圧倒的存在感を示し、何世代にもわたる学者を育てたので、彼の新アリストテレス主義の影響が若い頃のセンに及んでいたとしても不思議ではないだろう。

こうして知の歴史に分け入ることは、このアプローチを正当化する手段の一つではない。このアプローチはそれだけで自立することができるのである。しかし、この種の考え方が広範に共鳴し訴える力を持っていることを示し、ひいては、多くの包括的価値観を持つ社会において、重なり合う合意の対象となりうることを立証する助けとなるかもしれない。

アリストテレスとストア派

ある意味で、ケイパビリティ・アプローチの西洋における最古の源流は、他者との対話を通じた批判的思考の重要性を強調したソクラテスである。しかし、ソクラテスは政治理論を展開しなかった。よって、ケイパビリティ・アプローチの最古の、最も重要な西洋の歴史的源泉は、アリストテレスの政治・倫理思想である。アリストテレスは、人間が豊かな生活・人生を送るために何を必要とするかということを、政治を計画する者は理解する必要があると信じていた。人間の豊かな生活・人生についての彼の倫理的著作は、将来の政治家のための指針を意図したもので、何を目指していたかが将来の政治家にわかるようにするためである、と彼は明確に述べていた。

選択するということがアリストテレスにとっては最重要であった（自分で考えて選択した行為で

なければ、どのような行為も徳があるとはけっして言えない）ため、彼は政治家に対して、誰もが望ましい行動をとるようにせよと指示することはなかった。そうではなく、能力や機会を生み出すことを目的とすべきだとしたのである。アリストテレスはリベラルではなかったが、選択なしに達成される満足は人間の尊厳に値しないと本当に考えていた。また、たとえ禁止されない場合でも、教育の欠如や、情報を得たり、よく考えたりすることを不可能にする労働条件によって、意味のある選択が妨げられることがあることを彼は理解していた。教育の無視は政治的営みに大きな損害を与えるので、アリストテレスは、政治計画は「何よりも」若者の教育に焦点を当てるべきだと主張した。アリストテレスは、著作において繰り返し、人間の能力（デュナミス dunamis）の異なるレベルを、私が紹介してきた分類（生得のケイパビリティ、発達した内的ケイパビリティ、そして最後に、結合ケイパビリティ）にほぼ対応させて特定している。

アリストテレスがとくに断言していたのは、富の追求はまともな社会の全体目標には適さないということである。富は手段に過ぎず、富自体が目的とされれば、政治計画の指針となるべき人間の価値は完全に損なわれ、歪められてしまうだろう。また、彼は、政治計画の全体目的として、量だけが変化するような単一の均質的目標に基づくいかなる説明も好まなかった。アリストテレス思想が多面的に復活して、現代の道徳哲学に大きな影響を与えているなかで、この通約不可能性の問題は、ケイパビリティ・アプローチにおいてもきわめて重要であり、当然ながら際立っている。

功利主義というものをアリストテレスは知らなかったが、苦痛を上回る快楽の正味のバランスが最大であることを善とする、人間の善き生の快楽主義的な見方は知っていた。彼は快楽主義に対してさまざまな反論を行ったが、それは現代のベンサム的な功利主義に対するもっともな反論となる(ミルと同様に、彼は、快楽は量だけでなく質も異なると考えていた。さらに、快楽のなかには悪質でまったく考慮すべきでないものもある一方、国のために命を危険にさらすことのように、選択に値する人間の活動のなかには快楽をもたらさないものもあると主張した。また、見ること、思い出すこと、知ることなど、快楽をもたらさなくても選択するものもある)。概して彼は、快楽や欲求の充足は、何が社会で推進されるべきかに関する指針としてはまったく信頼できないと主張した。人は、受けた教育の種類によって、良いものも悪いものも含め、あらゆるものから喜びを引き出すことを学ぶからである。

よって、まともな政治計画であれば、人間の異なる能力の開花と発展を含む、多様で通約不可能な善を促進しようとするだろう。さらに、それらを促進するのは、何らかの全体的な合計のためではなく、市民一人ひとりのためでなければならない(「一人ひとり」と言ったアリストテレスは、この目標をプラトンの共同体主義的な考え方と対比させている)。プラトンの国家では、社会の全体として良好な状態が、ある階級の市民を永久に従属させる方法で促進されていた(とされる)ことを知っていたアリストテレスは、共同体の繁栄という考え方を混乱したものとして拒否した。「都市は本来、多元的なものである。……一人ひとりの善こそ一人ひとりを維持する」。

そのずっと後のリベラルな伝統に属する多くの政治思想家も、同様の洞察を持っていた。アリストテレスが政治思想の中心にあり続ける理由は、選択とその重要性の理解を、人間の脆弱性の理解と結びつけたことにある。偉大な生物学者であり、医者の息子であったアリストテレスは、人間を肉体から切り離された生き物と見ようとはしなかった。動物の体やそれを作る汚いものを嫌悪感をもって見ている学生たちを叱りつけた。彼は、人間も動物の一種であり、すべての動物は、誕生から幼児期、児童期を経て成熟期に入り、生き延びれば、多くの弱さを伴う老年期に移ることを理解していた（彼は、老齢について、また睡眠について、さらには記憶と記憶障がいについて、それぞれ一本の著作を著している）。

アリストテレスは人間の脆弱性を理解していたので、政府は教育だけでなく水の清潔さや空気の質などの問題に取り組む必要があると考えた。脆弱性をすべて取り除くことはもちろんできないが、アリストテレスは、一部の都市が他の都市よりも人間の弱さをうまく支えていることを強調した。彼が提案したのは、健康のみならず親睦と友情を促進するために共同で食事をとるという形態で、政府が栄養を提供することだった。富裕層は自分の食事代を支払うが、貧困層の参加は都市が支援する。このような計画では、都市の土地の優に半分は公有地となり、そこから得られる生産物が、公共の食事と市民の祭（彼の時代には悲劇が上演されたりした）の両方を助成する。私的に所有されている土地でさえ、困っている人々は使うことができる。こうしたことをアリストテレスが帰結として導き出す元となった考え方は、政府の仕事は、すべての市民が自分の選択に従って豊かな生活・人生を送れるようにすることであるというものであった。

アリストテレスの哲学思想にはいくつか重大な限界がある。アリストテレスが理想とする都市は、市民が交互に統治し、統治されるという意味で民主的なものであるが、彼は参加者の集団をあまりにも狭く定義していた。彼は当時のアテネの制度に満足していたが、移民ではない自由な成人男性だけが市民であり、奴隷制が存在したのである。そして、アテネよりもさらに排他的であることを求めていた。肉体労働者、農民、船員は彼が理想とする都市の市民権から排除されるべきであった。アリストテレスには、ジェンダーや階級、民族の違いを超えてすべての人間が共有する価値があるとする、人間の平等という基本的な考え方が欠けていたようだ。また、国境の外の人々の生活を支援する義務についても問うことはなかった。すべての古代ギリシャの思想家の例にもれず、人にはそれぞれ異なる包括的人生観があり、政府はその選択の余地を与えることによってそれを尊重すべきであるという考えにも、まったく鈍感であった。彼にとって進むべき正しい道は、豊かになるということの最善の説明を特定し、その説明に沿って人々が豊かになれるようにすることであった。

ストア派は、こうした欠点のうち一番目と二番目を改善したが、三番目は改善しなかった。ストア派はギリシャ＝ローマの古代において最も影響力のあった倫理・政治思想の学派であり、おそらく西洋の伝統のどの時代においても最も影響力のあった哲学の学派であり、とくにローマにおいて広く影響を及ぼし、教育を受けたすべての人と、教育を受けなかった多くの人が、ある程度はストア派に導かれていた。ローマ帝国の日常的な信条がストア派からキリスト教に置き換わったときも、それはストア派の影響を強く受けたキリスト教であり、ヨーロッパのキリスト教の伝統に属するその後の西欧の思想史全体が、ストア派の哲学的思想の痕跡を残している（現代の人権運動の主要な源流である「自然法」の考え方は、主にストア派の考え方である。中世のアリストテレス派の思想家がこれを発展させたが、グロティウスやカントといった近世プロテスタントの思想家はストア派の著作を直接読み、そこから国際的な義務や権原についての考え方を導き出した）。

ストア派は、一人ひとりすべての人間が、人間であるというだけで、尊厳を持ち、尊敬される価値があると説いた。倫理的な区別を認識し、倫理的な判断を下す私たちの能力は「内なる神」であると考えられ、無限の尊敬に値するとされた。倫理的能力は、男性も女性も、奴隷も自由人も、身分の高い人も低い人も、富める人も貧しい人も、すべての人間に見出せる。この基本的な人間の能力を見出せる場合には、それを尊重すべきであり、その尊重は平等でなければならない。社会が作り出した人為的な違いは些細でとるに足らないものとして扱うべきだ。この人間性の平等な尊重という考え方は、「自然法」の中心にある。それは、私たちが実定法の領域の外にいるときであっても私たちを導くべき道徳法則である（後に、人間の平等というキリスト教の考え方は、それ自体がストア派の影響を強く受けており、ストア派の思想と相まって、人間の平等な権原という概念を強化した）。

他のどの学派よりも、ストア派は自分たちの見解を実践に移した。女性の平等な教育を求めたし、ストア派には、元奴隷（エピクテトス）、帝国のはるか遠方から来た外国人（スペイン生まれのセネカ）、さまざまな女性（残念ながら彼女らの著作は残っていない）、そしてもちろん、貴族の出自でないことがつねに著作のテーマであった「新人」キケロが含まれていた。彼らの思考は都市国家の壁にさえぎられなかったため、戦時における適切な行動を含め、人間性に対する義務について精緻な教義を作り上げた。これらの思想は、グロティウス、プーフェンドルフ、カントといった近代の国際法の創始者に影響を与えた。

人間の尊厳と、その無限かつ平等な価値という考え方こそ、ストア派思想がケイパビリティ・アプローチにもたらした主要な貢献である。この考え方は、どのような政治原理や行動を示唆しただろうか。キケロやストア派の人々は、人間の尊厳を他人の恣意的な意思に従属させることによって損なうことがあってはならないと考えた。人間には尊厳があり、単なるモノではないのだから、モノのように扱い、本人の同意なく振り回すのは悪いことだ。そして、人間の尊厳は平等であるから、人間に階級や順序を設けて、一部の人が他の人を虐げることを許すのは忌まわしいことだ。

ローマ人たちも、こうした考え方からさまざまな政治的教訓を引き出した。衰退期のローマ共和国を熱心に擁護したキケロは、人間の尊厳のためには、恣意的な専制を排して人々が自らを統治できる共和政の制度が必要だと信じていた。彼は、ユリウス・カエサルの暗殺をこの点で擁護し、共和国を守るために自分の命を危険にさらした（そして最終的には失命した）（キケロの洞察は、ケイパビリティ・アプローチにさまざまな形で取り入れられている）。その他の主要なローマ人は、ストア派であろうとなかろうと、共和政についてキケロに全面的に賛同しており、帝国初期の二つの反帝国運動はストア派の考えにルーツがあった。しかし、ローマ人のなかには、内戦の騒乱に終止符を打てるのは王政だけだと考える人もいた。後のローマのストア派のなかには、説明責任をそれなりに果たす王政ならば受け入れられるだろうと考えたか、少なくとも発言した者もいた（帝国では言論の自由が損なわれていた）。その一人、マルクス・アウレリウスは、養子になって自分が皇帝になることに同意した。しかし、帝国の経験は、キケロが正しかったことを示した。いったん王政が敷かれると、恣意的で圧制的な方向に向かうことを防げるものは何もないのである。そのため、時がたつにつれ、ストア派の思想は説明責任を果たす共和政の制度という考え方と固く結びつくのがますます妥当であると思われるようになった。そうした制度においてのみ、人間は尊厳に値する生活・人生を送ることができるのである。

しかし、ストア派にはより静寂主義的な反応の種も含まれていて、それは人間の不死身性についての反アリストテレス的な考え方によって示唆される。ストア派は、尊厳こそ最も重要であり、物質的条件はまったく重要ではないと説いたため、外側で制度が魂を奴隷化しようとしまいと、内面では魂はつねに自由だと主張することが可能であった。この一般的な点についてのひとつの顕著な例は、セネカの有名な奴隷制に関する書簡であり、奴隷の主人に対して、奴隷に敬意を示して一人前の対等な人間として扱うことを求めている。しかし、奴隷制という制度を攻撃しているわけではなく、セネカは奴隷制が内面の尊厳ある自由な生活と両立すると考えていた。こうした当惑させる結論に達したのは、ストア派の平等な価値へのコミットメントについて妥協したからではなく、人間の脆弱性というアリストテレスの思想を否定して、人がよく生きようとすることに外的な条件はあまり重要ではないので、法律や政府がそのような条件を提供する必要はないと考えたからである。

一七世紀と一八世紀――自然法、人間の脆弱性

一般に、一七世紀および一八世紀の「自然法」に関する思想（政治や行政に携わる人々が受ける古典教育の核心だった）は、アリストテレス的な要素とストア派的な要素が融合したものだった。考え方のさまざまな組み合わせが可能だったが、キリスト教主流派の信仰と両立するひとつの魅力的かつ永続的な組み合わせは、すべての人間に平等な価値があるというストア派の考え方と、人間の脆弱性についてのアリストテレス派の考え方の組み合わせであった。魂は不死身であるというストア派の考え方の魅力は永続的であったが、アリストテレスの見解は常識と、ほとんどの人の喪失、老い、戦争の被害などの経験とによって強く支持された。ヒューゴ・グロティウス、アダム・スミス、カント、そしてアメリカの建国者たちは皆、尊厳の平等というストア派の考え方を受け入れたが、他方で、人間が善く生きるために世界の助けを必要とする多くの状況を理解するためにアリストテレスに目を向けた。

この融合した見解をとくに興味深い形で利用したロジャー・ウィリアムズは、ストア派の自然法の伝統を学んだイギリスの古典学者で、アメリカに渡ってロードアイランドに植民地を作り、そこは初めて真の信教の自由を手に入れた土地となった。良心の自由について書いた彼の雄弁な哲学的

著作は、（ストア派にならって）良心がすべての人間の平等な尊厳の源であると書いているが、（アリストテレスにならって）良心が歪められたり抑圧されたりせずに開花するためには、世俗的な条件が重要であるとも主張している。自由な宗教的探求の能力は、中心的ケイパビリティのひとつである。ウィリアムズの著作と政治実践は、そのケイパビリティに対する政府の支援はどうあるべきかを理解する助けになる。

一八世紀は、平等な尊厳というストア派の思想に人々が魅了された時代だった。こうした考え方は、大西洋の両側の共和主義者に影響を与え、彼らは、共和主義の主な任務は、ストア派の用語で言うと、支配と階層秩序を防ぐことであると理解していた。しかし、多くの場合、こうした考え方は、アリストテレス的な人間の脆弱性の理解を伴っていた。そのため、政府の任務は、人間の中核的能力が発達し、有効になるように保護することであると理解されるようになった。しかし、本章の目的にとっては、それ自体として重要であるうえ、アメリカの建国に大きな影響を与えた二つの鍵となるテキストを取り上げれば十分だろう。ひとつめは、アダム・スミスの『国富論』で、（カントなどの）ヨーロッパの思想とアメリカの建国の両方に大きな影響を与えた著作である。

スミスの文章はストア派の考えに溢れており、彼は、同じくストア派の考え方に傾倒していると予想された聴衆に向けて文章を書いた。しかし、スミスはストア派の不死身の教義を否定したので、アリストテレスに注目して、家族や友人、そして人間が繁栄するための多くの物質的条件の価値を正しく理解しようとした。

スミスが当時のイギリスで目にした、人間の能力を阻害するもののなかには、貿易や労働力の自由な移動の制限のように頑迷で煩雑な法的制限があった。そのような場合に、スミスは規制緩和を求めたので、リバタリアン〔個人的・経済的自由を重視し、国家による経済活動への介入に強く反対する人〕たちのお気に入りになったのである。しかし、スミスをそのように読むことが不適切であることは明らかである。彼の試金石はつねに次の問いであった。「政府のどのような行動が、人間の能力を発達させ、人間の平等を尊重することになるか?」政府の行動が人間の能力の発達を阻害すると思われる場合には、彼はそれを減らすことに賛成したが、もちろん、法律を撤廃するためには法律が必要であることをよく理解していた。そこで彼は、徒弟制度の廃止、独占禁止法の導入、強力な金融関係者によるロビー活動の制限などを支持した。こうしたものは、彼によれば、政治過程に対する市民の影響力を著しく不平等にし、政府が裕福なエリートの「常備軍」(と彼が呼ぶもの)の人質にされてしまうことを保証する。スミスは奴隷貿易の廃止も支持して、実際にその大義のための運動を行った。彼は労働者に有利な賃金規制には少なくともある程度の共感を示した。とくに気にかけたのは、すべての労働者に「共通の人間性に反しない最低賃金」が保証されることだった。彼はそれを、妻と、子どものうち二人は確実に成人に達するような家計を支えられる十分な収入と考えた。こうした提案は、効率のみならず正義の考慮によって支持される。また、平等な尊重に対するスミスの関心は、国境を越える広がりを持っていた。彼は植民地化に精力的に反対した。植民地化は、植民地の人々を搾取する手段であり、彼らは政治的な自治と経済的な支配の両方を失うことになるからである。

　スミスが政府の介入を最も急進的に擁護したのは、『国富論』の終わりのほうで、政府による義務教育の無償提供を求める一連の議論である。義務教育は当時、スコットランドでは実施されていたが、イングランドでは完全に無視されていた。この議論の背景には、労働者階級が人間の能力を浪費していることに関するアリストテレスの一連の観察があった。『国富論』の冒頭でスミスが強調したのは、人間の能力の形成には習慣と教育が大きな役割を果たすという事実であった。哲学者と荷物運搬人の違いは、本性ではなく教育にある。ただし、うぬぼれた哲学者は、そうではないと思っているが。その結果、『国富論』は、人間の重要な能力の発達を妨げる多くの要因の記述に紙幅を割いている。これらの要因のなかには、単純に物理的なものもある。貧困は生命と健康にとって好ましくない。貧しさのあまり、嬰児殺しや、高齢者や病人を野獣の餌食にすることを強いられる国もある。イギリスでも、子どもの死亡率が高いのは、裕福な階級ではなく労働者階級の特徴であるとスミスは主張した。「貧困は、出産を妨げることはないが、育児にはきわめて不利である。弱々しい植物は、芽を出しても、あまりにも冷たい土壌と厳しい気候のなかでは、すぐに枯れて死んでしまう」。別の個所でスミスはこの点を一般化している。賃金で自活できない階級は「欠乏、飢餓、死亡」に悩まされることになると。

　こうした文章は、スミスがストア派と決別して、人間と基本的ニーズのアリストテレス的な説明を展開していることを示す。スミスは、人間の尊厳が盤石なものではないことを読者に気づかせた。

むしろそれは、冷たい土壌や厳しい気候にさらされると枯れてしまう「弱々しい植物」である。私たちは、物質的な財の分配が人間の尊厳と無関係であるという見方はとれない。というのも、尊厳には少なくとも命が必要であり、子どもたちの命はそうした物質的な条件の手中にあるからである。しかし、スミスが人間の尊厳の脆さについての考え方を最も十分に展開したのは、教育についての長い議論の中であった。彼が取り組んだ問いは、国家は国民の教育に責任を持つべきかどうか、持つとすればどのように持つべきか、であった。彼は、当時流行していた分業は、一般教育の欠如と相まって、人間の能力に非常に悪い影響を与えることを観察していた。

人生のすべてを、おそらくつねに同じかほとんど同じ効果しかない少数の単純作業に費やしている人は、自分の理解力を発揮する機会がない。……そうすると、彼は自然とそのような努力をする習慣を失い、たいていは限りなく愚かで無知な人間になってしまう。……祖国の偉大で広範な利益について、彼はまったく判断することができない。そして、彼がそうならないようにかなり特別な努力をしない限り、彼は祖国を守るために戦争で戦うこともできない。……しかし、進歩した文明社会では、政府がそれを防ぐために何らかの努力をしない限り、貧しい労働者、つまり国民の大部分は、必然的にこのような状態に陥る。

極貧ではない人々の場合、この危険はそれほど大きくないとスミスは続けた。なぜなら、たとえ子どもがやがて単調な仕事に就くとしても、それは通常は初等教育を受けた後だからである。さらに、比較的余裕のある人々は普通、貧しい人ほど長時間は働かないので、自分の時間の一部を、職業以外の知識や活動の分野で「自己を完成させる」ためにとっておくことができる。したがって、公共の領域では、人々が人間としての能力を失うことをあまり心配する必要がないのである。

庶民の場合、そうはいかない。彼らは教育のためにほとんど時間を割くことができない。両親は幼児期でさえ子どもを養う余裕がほとんどない。庶民の子は、働けるようになればすぐ、生活費を稼ぐために何かの仕事をしなければならない。その仕事も一般に非常に単純で画一的なものであるため、理解力を鍛えることはほとんどない。一方で、彼らの労働は同じことの繰り返しであり、また非常に厳しいため、余暇はほとんどなく、何か他のことをするどころか、考える気にもならない。教育を受けなければ、人は、「体の最も重要ないくつかの部分を失うか、その機能を失った人のように、心は損傷し、変形している」。たとえ庶民の教育が国全体の豊かさにつながらないとしても、「まったく教育を受けないことはないように注意する価値はあるだろう」。

スミスはここで、このようなひどい状況は不可避ではないと主張する。いかなる国も、現在、富裕層の子どもたちが親の費用で受けているような充実した教育を全国民に保証することはできないと彼は考えていた。しかし、スコットランドのように、全員に、有給の仕事に就くことが許される前に、読み書きや計算を学ぶことを義務付けることによって、「教育の最も重要な部分」を提供することはできる。彼はさらに続けて、低費用の義務教育を提供しているしくみとして、教区の学校で、ラテン語などの役に立たない科目を止め、その代わりに幾何学や力学のような役に立つ科目を教えることを書いた。

スミスはケイパビリティ・アプローチの核心となる洞察に到達した。それは、人間の能力は未熟あるいは未発達な形でこの世に現れ、人間の尊厳に値する形で成熟するためには、環境からの支援（身体的健康と、とくにここでは精神的発達に対する支援）を必要とするという理解である。

一八世紀半ばのアメリカ人は、アダム・スミスが想定していたイギリスの読者と同様に、古代ギリシャと、とくにローマの哲学書を（スミスの著作とならんで）愛読していた。彼らは、不死身の人間という、有望でないストア派の考え方ではなく、平等な人間の尊厳と平等な権原という考え方に注目した。彼らは専制政治の支配を経験していたので、政府が人間の能力を阻害する可能性を十分すぎるほど理解していた。また、人間の能力の完全な組み合わせを真空状態で保障することはできない、つまり政府にはすべき仕事がある、ということも理解していた。アメリカの独立宣言は、この普遍的な考え方を次のように表現する。「われわれは、以下の事実を自明のことと信じる。すなわち、すべての人間は生まれながらにして平等であり、その創造主によって生命、自由、および幸福の追求を含む不可侵の権利を与えられているということ。こうした権利を確保するために、人々の間に政府が樹立され、政府は統治される者の同意に基づいて正当な権力を得る」。そしてもちろん、この文書は続いて、その任務を果たさない政府は変更または廃止できると主張する。さらに、宣言での、ジョージ三世に対する中心的な不満のひとつは、彼の不作為にあった。「国王は、公共の利益にとって最も有益かつ必要である法律の承認を拒否してきた」。

したがって、合衆国憲法の起草者がリバタリアンであったとか、「消極的自由」の熱烈な支持者であったという考え方は、きわめて誤解を招きやすい。スミスと同様に、彼らは自分たちが何を好まないかを知っていた。それは、国民の厚生を軽視して、利己的なエリートを支援するために国民をだます専制的な政府であった。しかし、悪質な政府を嫌うからといって、政府そのものを嫌うことはなかった。ストア派の平等性とアリストテレス派の必要性の組み合わせが、起草者の政府の構想にどのように取り入れられたかを見るために、この時代の最も影響力のある思想家の一人だったトーマス・ペインの著書『人間の権利』のひとつの章を詳しく見てみよう。

ペインは、建国当時の他の知識人と同様に、自分が目にした政府の行動の多くを嫌っていた。ヨーロッパの君主制や貴族制の政府は、少数者の利益のために庶民を搾取するのが常であった。ペインによれば、政府の設立は人間の自然権であり、政府の適切な目標は「個人としても集団としても、万人にとっての善」である。しかし、既存の政府はこの目標を追求していなかった。それどころか、社会の貧しい人々に「悲惨を生み出し、増大させる」ようなことをしていた。ペインは、「ヨーロッパの状況を改善する方法と手段」と題した長い章において、政府の活動と税制の両方の全面的見直しを主張した。課税は逆進的なものから累進的なものにする。貧困層の税率は完全に廃止され、エリートが課税を逃れる力は抑制される（ペインは、「いわゆる王冠〔王位〕」を「年間百万ポンド」の名目的な役職で、その仕事はお金を受け取ることにある」と皮肉っている）。彼が提案した累進課税の詳細なしくみは、一ポンド当たり三ペンスの税率から始まり、一定の水準を超える所得に対しては、一ポンド当たり二〇シリング、つまり一〇〇パーセントの税率へと急速に上がっていく（ペインは、最も容赦ない時代のスウェーデンよりもはるかに先行していた）。

こうして得られた収入は、人間の能力を支えるために使われることになる。とくに重要なのは、若者、高齢者、失業者の三つの分野である。スミスと同じく、ペインも国が提供する義務的初等教育を支持していた。「よく統制された政府のもとにある国は、教育を受けない人の存在を許すべきではない。支持者の無知を必要とするのは、君主制や貴族制の政府だけである」。ペインは、若者がしばしば犯罪に走るのは、雇用機会を得るための教育をまったく受けなかったからであると指摘し、政府の無策が原因だと結論づけた。「文明的と言われる国で、年寄りが救貧院〔貧民収容施設〕に行き、若者が絞首台に行くとすると、政府のしくみが何か間違っているに違いない」。「市民政府は死刑執行のために存在するのではなく、若者の教育と高齢者の支援を提供して、一方からは浪費を、他方からは絶望を、できる限り取り除くためにある」と続けた。「そうではなく、国の資源は王や宮廷、金目当ての雇われ人、詐欺師、売春婦に浪費されている」。彼は、イングランドの貧困層の大きな割合が子どもか五〇歳以上であることを計算し、貧困家庭に対して、子どもが学校に行くことを条件に、税収の余剰から年四ポンドの現金給付を行うことを提案した。こうすれば、「親の貧困が緩和され、新しい世代から無知が消え、教育によって能力が向上するので、今後、貧困層の数は減少するだろう」と述べている。こうして貧困層は、現在は閉ざされている雇用機会を得ることができる。それほど貧しくない家庭に対しては、ペインは子ども一人当たりの学費補助（学用品購入費を含む）を提案した。また、六〇歳を超える高齢者には惜しみない現金給付を提案した。「このような支援は、慈善事業ではなく権利としての性質を持つ」と繰り返し強調した。市民のライフサイクル（人生の全段階）を通して支援することは、政府の一般的な仕事の一部だった。これにペインは、失業救済のための公共事業という興味深い提案を付け加えた。彼は、人間の基本的な厚生を支援する分野でははるかに多くの政府活動を求め、エリートが私腹を肥やす分野ではそれを大きく減らすことを求めた。

このような歴史を学ぶと、ケイパビリティ・アプローチの基本的な考え方は、人間の基本的厚生に対する政府の支援の重要性を含めて、最近の発明でもなければ、ヨーロッパ型の社会民主主義だけに結びつくものでもないことがわかる。それは、ヨーロッパと北アメリカの両方における主流のリベラルな啓蒙思想の根幹をなしている。この点は、このアプローチの主要な正当化の根拠として重要ではない。哲学的な権威から議論すべきではないからである。しかし、ケイパビリティ・アプローチは非西洋の発展途上国だけのためのものだという（しばしばなされる）非難や、アメリカの伝統にそぐわないという非難に対して、どう答えるべきかを学べるかもしれない。さらに重要なのは、人々が世界のさまざまな場所で、比較的互いに独立して（「比較的」であるのは、アメリカの建国者のうち少なくとも一部の人、とくにジェームズ・マディソンは、スミスの著作を知っていたから）、人間の抱える問題の解決策として、似たような考え方を再発明してきたことに気づけば、自分たちの提案に自信を持てるだろうし、また、その歴史的な解決策の詳細から、私たちはヒントを得ることができるかもしれない。

一九世紀と二〇世紀――ケイパビリティ vs 功利主義とリバタリアニズム

工業化以前の社会にしか適さないどころか、ケイパビリティ・アプローチは、現代において最も顕著な政治的応用を見てきた。工業の発展は、（幼い頃から工場労働に駆り出される）子どもと、（より良い条件での契約を求める力もなく、危険で負担の大きい条件で労働している）大人の両方のケイパビリティに対する新たな脅威を生み出した。同時に、現代では人種、性別、障がいに基づく伝統的な差別が人間開発の障壁になっていることが新たに認識されるようになっており、これらはすべて最近のケイパビリティ分析の焦点となってきた。

一九世紀のイギリスには、人間のケイパビリティをめぐる現代アメリカの議論を先取りするような印象的で影響力のある議論が見られる。まず、ジョン・スチュアート・ミル（一八〇六～七三年）の著作は、政治的自由と人間の自己開発との関係を明らかにし、差別によって女性の機会と能力が損なわれていることを示した（ミルは、結婚をめぐる差別的法制度が課す制約を奴隷制にたとえた。また、国会議員として女性の参政権を求める最初の法案を提出した）。ミルがアメリカにおける自由の考え方に与えた影響は大きかった。彼のジェンダーに関する考え方は、当時のイギリスでは無視されたが、多くの国で女性運動の礎となった。

ミルの死後まもなく、人間のケイパビリティの考え方をさらに幅広く活用したのが、イギリス自由党の顧問を務めた哲学教授Ｔ・Ｈ・グリーン（一八三六〜八二年）だった。グリーンは、アリストテレスの思想を用いて、（当時までにかなりの政治的影響力を持つようになっていた）功利主義とリバタリアニズムの両方を否定し、人間の自由を守る正しい方法は、あらゆる種類の人が社会から十分な保護を受けながら広範な選択ができる条件を作り出すことだと主張した。グリーンは、無償の公的な義務教育、職場の安全規制、労働時間の制限、児童労働の禁止、地主と小作人との契約の種類に関する制限などの法制化を後押しした。このような契約の自由に対する制限は、「市民社会が守るべき対象である、［社会の］構成員が自分自身を最大限に活かすための一般的自由」に訴えかけることで擁護可能だとグリーンは主張した。彼は女性の平等な教育を支持したが、選挙権は支持しなかった点でミルに遅れをとった。グリーンは若くして亡くなったが、彼の仕事は長命の弟子アーネスト・バーカー（一八七四〜一九六〇年）によって引き継がれた。バーカーはケンブリッジ大学の教授を長年務め、グリーンのアプローチの種を多くの国に蒔いた。当時のケンブリッジは多くの国の大学院生にとって選択の中心にあったからだ。バーカーは、現代理論家であると同時に、古代ギリシャ思想の著名な研究者であり、自身の考え方がアリストテレスの系譜にあることをはっきり認めていた。アメリカでもイギリスと同様に、そうした考え方は、労働者の権利の保護、義務教育の確立、貧困層の子どもの教育支援、そして最終的には脆弱な少数派を差別から守るための法律が制定されることで広がり、なかでもニューディール〔一九三三年以降にアメリカのルーズヴェルト大統領が世界恐慌の影響を克服するために実施した一連の積極的経済政策〕や「偉大な社会」〔一九六五年にジョンソン大統領が提唱した、公的医療保険制度の創設などを含む社会福祉政策〕の時代はそうだった。

第8章　ケイパビリティと現代の問題

ケイパビリティ・アプローチは、現在、社会・政治理論が直面している多くの問題に対処するための独特の方法を提案している。さまざまな分野でケイパビリティ理論による最前線の研究が行われている。記述は表面的なものにとどめざるをえないが、それらは、このアプローチが、しばしば別々に扱われる問題に対して、新たな、比較的統一された視点を約束するものであることを示す。リストはある程度、恣意的なものであり、他の課題を簡単に追加することができる（すぐに思いつくのは、移民、インターネット、地球温暖化の三つである）。

不利な状況

開発経済学の分野には、貧困や不利な状況についての正しい考え方に関する長年の議論がある。センは長い間、貧困とは単に財や所得・富の欠如ではなく、ケイパビリティの欠如として理解するのが最善であると主張してきた。貧困は、さまざまな機会の失敗を含み、必ずしも所得ときれいに相関しているわけではない。さらに、社会的に排除された立場にある人々は、所得を実際の機能に変換するときに困難を伴うかもしれない。そのため、収入はケイパビリティの適切な指標にもならない。一般的に、収入は目的のための手段であり、ケイパビリティが目的である。

所得で貧困を測ることがとくに難しいのは、利用可能な所得指標が世帯単位だからだ。そのため、所得に焦点を当てると、栄養や医療を含む貧困の他の側面における性差の偏りの無視を助長することになる。対照的に、ケイパビリティの欠如として貧困を見ると、一人ひとりの状況に焦点を当てることを推奨し、家族内の分配の不平等を浮き彫りにすることができる。また、ケイパビリティ・アプローチは、無償の家事労働の価値を認めて所得の計算に入れるよう、積極的に要求している。無償の家事労働は、相対的不利を評価する際のもう一つの重要な課題である。

センによるケイパビリティの欠如の研究は、ノーベル賞を受賞した飢饉の研究で、飢饉は単に食料の不足によって起こるのではなく、（たとえば失業のせいで）必要なものを手に入れる機会を欠くという問題だと強調したことから発展したものである。そのため、飢饉の救済は、単に食料援助や施しだけでは不十分であり、真の解決策は、生活必需品を手に入れるために雇用や他の権原獲得の手段を提供することによって、弱い立場にある人々のケイパビリティの欠如に対処することである。この一般的なポイントは、議論の余地のない主流派の分析の一部となっている。

不利な状況について、より一般的にケイパビリティの欠如の観点から考えるのが自然な流れではあるが、必ずしもそうなっていない。その理由の一端は、人生の諸要素を集計するモデルの魅力や、人々が持つ可能性のあるさまざまな人生の機会の指標として所得や富を使用することの魅力が依然として強いことにある。『不利（*Disadvantage*）』の著者ジョナサン・ウルフとアヴナー・デ・シャリットは、人生のすべての要素を単一の数値尺度に還元することに強く反論している。二人は、人生の多様な要素を集計するアプローチは、不利なグループの状況を記述し、改善するための戦略を提案しようとするときに、非常に重要な事柄を見落してしまうことを示した。不利な状況は、ひとつの次元に還元できないほど多元的なものであり、そのさまざまな側面は、かなりの程度、互いに独立に、そして所得や富からも独立に変化するものである、と彼らは主張する。この主張はセンの見解の精神に一致するが、より詳細で精巧なものであり、したがって、センに説得されなかった人々を納得させることができるかもしれない。また、ウルフとデ・シャリットは、所得や富が相対的不利の適切な指標とならない理由もさらに詳しく示している。

この不利な状況の一般的な分析に関連して、ウルフとデ・シャリットは二つの方法でこのアプローチを拡張している。まず、単に鍵となるケイパビリティの有無だけではなく、その保障にも焦点を当てることを提案する。人々には、あるケイパビリティが今日存在するだけでなく、明日もあるだろうという確実な期待が必要である。不利な状況の顕著な特徴は、あるグループがあるケイパビリティ（たとえば雇用機会）にアクセスできたとしても、そのアクセスは非常に不確実だということである。第二に、ウルフとデ・シャリットは、それぞれのケイパビリティが個別の重要性を持つことにはコミットしつつ、ある不利な状況が別の不利な状況につながる（腐食性の不利）という形でどのように不利が集積するか、そして、それに対応して、どのようにして特定のケイパビリティが他のケイパビリティを切り開くうえでとりわけ肥沃な力を発揮する可能性があるかを研究することを推奨している。

あるケイパビリティの肥沃さと、あるケイパビリティの欠如の腐食性は、経験的な問題であって、その答えは時と場所、そして不利なグループに固有の問題によって違ってくるだろう。しかし、通常、そうした違いは、たとえば、一部の女性がその肥沃なケイパビリティをすでに保障されていることを意味するだけであって、それが肥沃でないということを意味するものではない。バサンティや多くの貧しい女性にとって、クレジット（信用貸し）へのアクセスはとくに肥沃なものであり、雇用、身体の不可侵性、政治参加への道を開く。高学歴で正規の職歴があり、その点では悩みが少ない女性にとって、クレジットはそれほど重要でないと思われるかもしれないが、実際には、多くの女性にとって、とくに妻として、市場で雇用されたことがなかった結婚生活が終わる際に、クレジットは大きな問題だ。家庭内暴力は世界中で腐食的であり、この点でケイパビリティが完全に保障されている女性はほとんどいないと言ってよいだろう。ウルフとデ・シャリットは、彼らが調査した国のいずれにおいても、連帯、つまり支えあい、相互に尊敬し合える関係を持つことはとくに肥沃であることを見出しているが、このことは他の国でも当てはまるだろうと予測できる。孤立していると、何を達成するにもかなり困難になる。

ジェンダー

センと私の研究で、ケイパビリティ・アプローチは女性の不平等に焦点を当ててきた（女性の不平等の強調は、ストア派、スミス、ミル、グリーンなどの歴史的先駆者に萌芽を見出すことができる）。これには二つの異なる理由がある。第一に、これらの問題はきわめて本質的に重要である。

世界中で多くの点において女性は不平等であり、これは重大な正義の問題である。また、開発の問題でもある。なぜなら、女性の機会を否定することが多くの国の生産性を低下させるからだ。

第二に、これらの問題は理論的なリトマス試験であり、標準的な開発アプローチ（GNPアプローチや功利主義アプローチ）は不適切である理由や、ケイパビリティ・アプローチのほうが優れている理由を鮮明に示している。哲学的には、これらの問題を見ることで、家族を社会正義の及ばない「私的領域」の一部と考えることの多い古典的自由主義の伝統の部分的な欠点が明らかになる（ジョン・スチュアート・ミルが指摘したように、この動きは古典的自由主義の矛盾であり、自然の結果ではない。なぜなら、自由主義は核心において万人の平等な自由と機会にコミットしているからだ。家族を批判しないということは、封建的な序列の小さな部分を批判しないということであり、自由主義は、生まれや身分に基づくすべての序列を当然、打破しようとする）。

私の著書『女性と人間開発』では、開発分野における代替的なアプローチ、とくに功利主義や、洗練された情報に基づく欲求理論でさえも、女性の不平等に立ち向かうには不十分であることを詳しく示している。また、伝統を無批判に受け入れることが女性の平等の障害になっていることも指摘している。宗教はつねに時代に逆行するわけではないが、逆行する場合はたいてい長年の文化的伝統と結びついている。それにもかかわらず、宗教は国家の保護と関心に値する生活領域であるため、ある種の宗教的要求が性の平等の要求に反しているような場合には、しばしば難しいジレンマの原因となる。同書では、このようなジレンマを解決するための理論的提案を行っており、宗教の自由な実践や、宗教に根拠を持つ「便宜（accommodation）」のための十分なスペースさえ与えられるべきことを（『良心の自由』と同様に）論じているが、中心的ケイパビリティの保護はつねに「切実な国家利益」と見なされ、それによって宗教の自由な実践に重荷を課すことが正当化されると主張している。インド憲法は、伝統的なヒンドゥー教の中心的特徴である「不可触性」の実践を完全に禁じている。これは一部の人には重荷になるかもしれないが、ガンジーが主張したように、その重荷は、差別を根絶するという国家利益によって十分に正当化される。同様に、アメリカではボブ・ジョーンズ大学が異人種間の交際を禁止したことで免税資格を失った。連邦最高裁は、人種差別の根絶という切実な国家利益によってこの福音派の団体に経済的負担を課すことが正当化されると判断した。同様のジレンマは、家族のプライバシーの分野でも立ち現れる。法的規制を受けないという意味で「私的な」生活領域が存在することを否定したとしても、自由な人間の生活には、親密な関係が守られる領域や、子どもに関する親の意思決定が守られる領域が必要であることを認めるべきである。なかには、簡単な、もしくは簡単であるべき問題もある。家庭内暴力や児童の性的虐待を国家が積極的に取り締まるべきであることに私たちは合意すべきである。児童婚は違法とすべきであり、婚姻の同意は慎重に保護されるべきであることも認めることができる。また、初等・中等レベルの義務教育は、国家が親の自律性（たとえば、子どもを賃労働に使うかどうかの選択）を制限する重要な手段であることも認めることができる。また、教育によって少女たちが幅広いスキルを身につけ、伝統的な役割から抜け出せるようにすることや、効果的な政治活動に必要なスキルとともに、市民としての完全な平等をしっかりと伝えることにも、ほぼ同意できるだろう。他の領域の自由に関してはより難しい。たとえば、平等のメッセージが十分に伝わらない可能性のある自宅学習を選択する権利をどこまで親に認めるか。インドでは、伝統的な役割に挑戦し、自律と平等のメッセージを伝える女性団体に対する政府の支援は、実践理性と連帯〔友人関係と政治参加の両方〕のケイパビリティが政治的重要性によって十分に正当化されると思われる。

私が現在、取り組んでいる性的指向に関する研究は、人間のケイパビリティの考え方と強く結びついている。とくに、性的指向に基づく差別がどのようにしてスティグマとなり、一部の人たちは完全には平等でないという見方を強化するかについて考えている。性的指向をケイパビリティの全体リストというレンズを通して見ると、同じような人を同じように扱うという形式的な公平性だけでなく、さらに深く掘り下げて、序列やスティグマの根源を探り、そのような不平等の原因を政府が承認するような制度を認めないという政策を追求することになる。混血を禁止する法律は、黒人は白人と結婚できず、白人は黒人と結婚できないという点で、両方の人種を同じように扱っているため、形式的には公平に見えると考えた人もいた。しかし、連邦最高裁判所はそうした法律をスティグマと劣等感のメッセージを伝えるものと解釈した。同性間の結婚を禁止する法律も同じである。このような法律は、かつて州が異人種間結婚禁止法を擁護したように、結婚を規制する国家権力の正当な行使として擁護されることがある。しかし、これらの法律は、スティグマと劣等感のメッセージを伝える点で、不公正なことに変わりがない。また、シビル・ユニオン〔同性カップルに結婚と同等の権利を認める（準同性婚）制度）という救済措置も十分ではない。もし州が「異人種間ユニオン」を別個の法的カテゴリーとして提供しながら、異人種間のカップルの結婚を拒否し続けるならば、スティグマや序列を終わらせるどころか、そのような制度はむしろそれらを強化することになるのがわかるだろう。

障がいと老い、そしてケアの重要性

身体と精神にさまざまな障がいを持つ人々のケイパビリティをいかにして向上させるかということは、現代社会がようやく取り組み始めたばかりの喫緊の正義の課題である。そうした人々を平等な尊重という基礎の上に包摂していくためには、実践上の変化だけでなく、理論上の変化も必要となる。ちょうど女性を政治的正義の主体として完全に包摂するためには、それまで問われることのなかった問い（たとえば家族内の正義について）を問う必要があったように、障がいを持つ人々の主張を公正に扱うためには、古典的自由主義の非常に基本的な考え方を問い直す必要がある。それは、社会的協力の目標と**存在意義**は相互利益にあるという考え方である（ここでいう利益は、狭い経済用語の意味である）。社会契約の考え方全体がそうした虚構を含んでおり、この理由により、社会契約の伝統に従う理論は、障がいの問題を、社会の基本的な制度が設計された後の段階にまで、理論構造上、後回しにしなければならなかった。しかし、障がい者は対等な存在であり、社会的協力のしくみを設計する最初の時点から考慮する必要がある。社会契約の伝統に従う理論は少しの修正ではこの課題に応えられないということを示すのは長く複雑な話になり、それは私の著書『正義のフロンティア』の主な内容になっているが、それをここで適切に要約することはできない。あえて言うならば、障がい者を完全に包摂し、その人間的ケイパビリティを支援するという課題には、社会的協力とその動機についての新しい説明が必要であり、それは単に相互利益ではなく、善意(benevolence)と利他主義に焦点を当てたものになる。

もちろん、古典的な社会契約論の伝統に従う理論家のほとんどは、人間が本来利己的であるとは考えていなかった(トーマス・ホッブズとその現代の信奉者であるデヴィッド・ゴーティエはそう考えているが、彼らは例外である)。相互利益が契約当事者たちの目標であると仮定する理由は、節約である。弱い仮定(利他主義や美徳よりもはるかに弱い仮定)から公正な社会を生み出せるのであれば、そのこと自体が興味深い。そして、強い前提や、問題の多い前提のうえに理論を作り上げるよりも、最も弱い前提から結論を得られるのであれば、つねにそうすべきである。より厳しい条件が満たされなくても理論がうまくいく、とわかることは教育的だ。ロールズはそれが自分の戦略だと明確に述べている。善意を理論の基礎に組み込んだロックは、ある意味でロールズの理論よりも弱い理論を作ったことになる。それは、実際にそうなるかどうかわからない特別な状況においてのみうまくいくだろう。私の理論は、事実上、ロックのより豊かな出発点に戻っている。なぜなら、障がい者を適切に包摂し支援する結論に達するためには、それが必要だと信じるからだ。仮に、適度な社会性と利他主義を必要とする、より強く、より問題の多い前提を用いるなら、その理論は現実の人々の国で通用することを示すだけでなく、その要求に正しく応えるように人々を教育するメカニズムを見つけるというプレッシャーを受けることになる。私が現在、政治的動機と感情の問題に焦点を当てているのは、こうしたプレッシャーの当然の帰結だ。

障がいの問題は非常に大きい。というのも、「障がい者」が生涯にわたって抱える認知的・身体的障がいは、「健常」者が年をとったときに経験する障がいと程度や種類が似ているからだ。長生きする人が増えれば、どの国でも急増する障がいの問題に直面することになるだろう。ときには、障がい者の一生のほうが、「健常な」大人の人生における障がいの期間よりも短くなることもある。そのため、障がいの問題は膨大で、事実上どの社会のどの家族にも影響を与える。

この問題の一つの側面は、障がい者のケイパビリティを平等な尊重に基づいて支援することだ。障がい者を完全に平等に扱うためには、どのような社会的・経済的支援、どのような形の仕事の調整、どのような市民的・政治的権利が必要なのか。現在の研究のある分野では、この一連の疑問に焦点を当てている。

もう一つの重要な側面は、ケアの仕事について考えることだ。障がいは、子どもと同様に、ケアに多大な人的投資が必要になる。現在、この仕事の大部分は女性によって行われ、あたかも愛の自然の結果であるかのように、その多くは無給である。このように、ケアの労働はジェンダーに基づく不平等の大きな源泉となっている。なぜなら、女性は家庭内で行う仕事によって、他の分野での生活にハンデを負うからだ。この問題の解決にはいくつかの側面がある。公共圏は、家族・医療休暇や在宅ケアを支援する必要があるし、各国の医療制度は、終末期のケアという政治的にやっかいな問題に妥当な方法で対処する方法を見つける必要がある。職場は、女性と男性の両方が家庭で直面している問題を認識し、より柔軟に対応する必要がある。柔軟なスケジュール、在宅勤務など、さまざまな形の調整を慌てずに行う必要がある。最後に、女性と男性の互恵関係をさらに強め、年老いた母親や父親の体を洗うようなことは男らしくないと見なさないような、新しい男らしさの概念が社会に必要である。

教育

ケイパビリティ・アプローチの核心は、その誕生以来、教育の重要性にあった。教育（学校、家庭、非政府組織が運営する子どもと大人の両方の開発プログラム）は、人々の既存の能力から多種多様な発達した**内的ケイパビリティ**を形成する。この形成は、それ自体に価値があり、生涯にわたる満足の源となる。しかも、人間の多くの他のケイパビリティを発達させ、実践するうえでも重要である。不利な状況や不平等に対処するうえで最も重要な「肥沃な機能」である。基礎的なものであっても教育を受けた人々は、雇用の選択肢、政治参加の機会、そして地域、国、さらにはグローバルなレベルで社会の他の人々と実り多い交流をする能力を大きく向上させる。たとえば、読み書きのできる女性は、同じような問題に直面している他の女性たちと政治的に理解し合えるため、もはや孤立することはない。そして、こうした有利な状況は他の面でも有利な状況につながる。なぜなら、教育は雇用の選択肢と政治的な力の源であるため、家庭内での女性の交渉力を高め、たとえば脅迫や暴力にうまく立ち向かえるようにしたり、必要な変化を起こせなければ家を出られるようにするからである。教育は家庭内の力関係を変化させるため、家庭内の労働をより公平に分担し、余暇の時間を確保するための機会も広げることになる。女性のケイパビリティを向上させる他の介入（たとえばクレジットや財産権など）も同様に肥沃であるが、過去二世紀にわたって各国が人間の平等を促進するために行ってきた努力のなかで、教育は特別な位置を占めているように見える。

インドでは、教育は個人の基本的権利と位置づけられている。この権利を保障する憲法改正につながった重要な裁判を起こしたモヒニ・ジャインは、「人間の尊厳は不可侵であり、……人間の尊厳をもたらすのは主に教育である」と主張する。この権利は、「人生の尊厳ある享受」にとって基本的であり、（世界人権宣言を引用して）「人間の人格の完全な発展」を伴うとされる。もう一つの重要な裁判においてウニクリシュナンは、「教育を受ける権利は、生存権から直接生まれるものであり、個人の尊厳に関わるものである」と主張する。

アメリカでは、教育を基本的権利と位置づけている州憲法もあるが、国レベルでは教育は基本的権利の地位を与えられたことはない。しかし、合衆国憲法において教育は特権的な地位を享受している。重要な判例の一つであるプライラー対ドー裁判は、不法移民の子どもへの教育を拒否する法律を扱ったもので、人のケイパビリティに直接言及する形で教育の重要性を主張した。判決文の教育をめぐる議論は、人の平等についての根源的主張から始まる。「平等保護条項は、カーストや階級に基づく不快なすべての法律の廃止そのものを意図していた」。公教育は、「社会の構造を維持し、政治的・文化的遺産を維持するうえできわめて重要な役割を担っている」と多数派の判事は書いた。教育を奪われると、「個人の社会的、経済的、知的、心理的な福祉に深刻な影響を与え、個人の達成の障害となる」。その後、これらの点はさらに詳しく説明されている。教育は、「自由と独立を維持しようとすれば、市民が我々の開かれた政治システムに効果的かつ知的に参加できるように準備する必要がある」。また、教育は個人の機会と自己開発にとっても重要である。「無学であるということは、永続的な障がいである。基礎教育を受けられず読み書きのできない個人は、一生の間、毎日ハンデを負うことになる。個人の社会的、経済的、知的、心理的な福祉に対するその剝奪の計り知れない影響と、それが個人の達成に対する障害となることにより、身分に基づいて基礎教育を拒否することのコストや原則を、平等保護条項に示された平等の枠組みと調和させることはきわめて困難である」。事実上、この意見は、人間の発達と機会を確保するうえで教育がきわめて重要な役割を果たすことを考慮し、教育の恩恵を受ける平等な権利は、人間の平等な尊厳に内在するものであると見ている。

インドでもアメリカでも、他の多くの国と同様に、教育は人間の尊厳、平等、機会にとってとくに中心的であると考えられてきた。こうした結びつきは妥当に見えるが、もしそうであるならば、教育はケイパビリティ・アプローチにおいて鍵となる役割を果たすにふさわしい。

人間開発指数（HDI）に入っている指標には、寿命とともに教育が含まれており、すべての国が、教育水準を自国の成功の最も重要な要素の一つと考えるように促している。センが教育の増進に深く関与していることは、ノーベル賞の賞金のすべてを、出身地である西ベンガル州の教育を研究・支援する財団（タゴールが創った有名な学校のある町サンティニケタンのセンの母親の家にちなんでプラティチ・トラストと呼ばれている）の設立に充てたことからもわかる。プラティチ・トラストは研究機関であり、政策決定機関ではないが、州内の教育の欠陥を痛烈に批判する報告書は、地方政府の失敗に国内外の注目を浴びせた。とくに、教師の欠勤や「個人授業」（教師が放課後に裕福な生徒を教えてお金をもらうこと）のような腐敗した行為を強調したため、改革に向けた動きがすでに出てきている。強力だが以前は無気力だった教員組合がこれらの行為に反対する立場をとっている。

こうした介入の重点が基礎的な読み書きと計算の能力に置かれてきたことは理解でき、ある程度は正しいことだった。これらのスキルがない場合、多くの機会が閉ざされると考えるのはたしかに正しい。しかし、重要なのは教育とケイパビリティの分析をこうしたスキルに限定しないことである。人間開発のための真の教育は、もっと多くを必要とする。現在、ほとんどの近代国家は、国の利益が心配で、世界市場でのシェアの獲得・確保に熱心なあまり、短期的な利益を生み出す可能性がありそうな、狭い範囲の市場性のあるスキルにますます焦点を当てるようになっている。批判的思考、他人の状況を内側から想像し理解する能力、世界史や現在の世界経済秩序の理解など、人文学や芸術に関連するスキルは、すべて責任ある民主的な市民にとって不可欠であり、人々が後の人生で発揮するために選択するかもしれない、広範な他のケイパビリティのためにも不可欠である。ケイパビリティ・アプローチの利用者は、教育法と内容の両方の課題に注意深く取り組む必要がある。学習内容と教室でのやり取りの性質（たとえば、さまざまな教材で日常的に学習するなかで、批判的思考と想像力に与えられる役割）の両方が、ケイパビリティ・アプローチに固有の目的、とくに市民権に関わる目的をどのように実現するのかを問う必要がある（もちろん、市民教育は、住んでいる国の市民権をすでに持っている人のためだけのものではない。合法であれ違法であれ、移民の子どもも、市民向けに準備されるのと同じ成人のケイパビリティを準備する教育を受ける権利がある）。

教育は、個人の選択が尊重される通常のルールが緩和される領域である。政府は、単にケイパビリティを求めるのではなく、子どもたちの機能を求めることが勧められる。なぜ教育は他のほとんどのものと異なるのか？　子どもたちについて考える時だけ異なるのは、子どもたちの選択のケイパビリティが未熟で、経済的に親に依存していて、家を出るという選択肢がほとんどないため、勉強するよりも働けという親の圧力を受けるかもしれないからだ。教育は、大人になった時の幅広いケイパビリティを切り開くきわめて重要な要素なので、子ども時代に教育を義務づけることは、その後の人生でケイパビリティが飛躍的に拡大するため、正当化される。子どもに関しては、国が市民の将来のケイパビリティにコミットすることは、知識と能力のある市民を持つことへの強い関心とともに、積極的なアプローチを正当化する。つまり、少なくとも一六歳までの初等・中等教育の義務化と、高等教育への十分な支援と奨励である（子どもたちは、健康や身体の不可侵性といった分野でも非対称的な扱いを受けている。ここでも、大人の場合に比べて、個人や親の選択の尊重を少し抑制することを許容すべきである）。自分が受けてきた以上の教育を求める大人の教育を扱う場合には、説得が正しい方法だ。

優れた教育を行うには、文脈、歴史、文化的・経済的状況に敏感である必要がある。したがって、この分野の優れた活動の多くは、プラティチ・トラストのように、地域の問題に焦点を当てたきめ細かなものでなければならない。それとは対照的に、さまざまな方法で自由に人生に関わることができる若者を生み出すという目標は、何百年もの間、世界中で研究されてきたし、多くの国々の優れた教育理論家は互いに相談し合ってきた（たとえば、インドのラビンドラナート・タゴールは、イタリアのマリア・モンテッソーリやイギリスのレナード・エルムハーストと交流があった）。このように、文化を超える対話は、もっと一般的にケイパビリティ・アプローチにおいても、各国や地域で柔軟に実践できる一般原則を生み出す可能性があると考えても不合理ではないだろう。

動物の権原

ケイパビリティを増進させるという考え方に基づくいかなるアプローチも、ある根本的な決定を下す必要がある。誰のケイパビリティを考慮するのかである。このアプローチを支持するほとんどの人は、すべての人間が考慮され、平等な人間として考慮されるとしている。その上で、とりうる五つの基本的な立場がある。

（1）人間のケイパビリティだけが、それ自体で、目的として重要であり、他のケイパビリティは人間のケイパビリティを促進する手段として価値を持つ可能性がある。

（2）人間のケイパビリティが第一の焦点だが、人間は人間以外の生き物と関係を築くので、それらの生き物は単に手段としてではなく、本質的に価値を持つ関係の一員として、促進すべき目標の説明に入ってくる可能性がある。

（3）感覚を持つすべての生き物のケイパビリティが、それ自体で、目的として重要であり、そのような生き物すべてがある特定の閾値以上のケイパビリティに達すべきである。

（4）植物を含むすべての生物のケイパビリティが重要であるが、生態系の一部としてではなく、個々の存在として重要である。

（5）（1）〜（4）の個体主義の立場はとらない。システム（とくに生態系を指すが種としても）のケイパビリティが、それ自体で、目的として重要である。

ケイパビリティ・アプローチに関心のある人々は、この五つの立場のどれかをとることができる。時間がたてば、これらの間で活発な議論が生まれるだろう。センは、動物の福祉や環境の質に関心を持っているが、こうした問題について全般的な姿勢を示していない。私は『女性と人間開発』で（2）の立場をとった。すなわち、他の種や自然界との関係は人間のケイパビリティであるが、他の存在は単に手段としてではなく、その関係の一部として重要である。この立場は、（1）の立場（人間の苦境に強い関心を持つ多くの人々が擁護する立場）と、（3）や（4）のような立場（他の生物の福祉にも着目する多くの他の人々が擁護する立場）の間の、すっきりしない妥協点だった。私は『正義のフロンティア』で、少なくとも社会正義に関わる部分では、（3）の立場を擁護している。社会正義という考え方は、少なくとも最低限の知覚（とくに痛みを経験する能力）と、それに伴う努力をする能力やある種の主体性と本質的に結びついていると主張する。直感的には、動物に不正義を行うという考え方は、人間に対して不正義を行うという考え方が意味を持つのと同じように意味があると私には思われる。人間も動物も痛みと危害を経験しうるし、どちらも生きようとし、行動しようとするが、それは不当に妨害されうる。正義という観念は、概念的に、危害や妨害を経験したという考えと結びついている。そう私は考えている。よって、少なくとも私には、木が不正義に苦しむ可能性を示唆するのは奇妙に思える。もちろん、木を傷つけることが間違っているとする他の道徳的理由または非道徳的な理由があるかもしれないが。同様に、生態系は経験の中心ではなく、人生計画を持たないし、努力もしないので、生態系が不正義をこうむると示唆することは奇妙に思える。もっとも、生態系は多くの種類の損害をこうむる可能性があり、その損害を気にかける道徳的・非道徳的（知的、科学的、経済的）理由があるかもしれないが。このような直観を明確に表現することは難しく、時間の経過と今後の議論によってのみ、この複雑な問題の見取り図をもっと明確に示すことができるだろう。しかし、動物は痛みだけでなく不正義にも苦しむ可能性があるということは確かなようだ。

これまでの議論は、正義に関しては、種ではなく生きている個体が関心の対象となることを示唆している。種は、個体の健康にとって手段として重要かもしれず、美的、知的、その他の種類の倫理的意義を持つかもしれない。しかし、ひとつの種の絶滅が不正義だというのは不正確であると思われる。ただし、絶滅の進行は通常、種の個々の個体に不当な損害を与えるという事実は別である。

ケイパビリティ・アプローチは、人間の手によって動物がこうむった悪事に対処するのにかなり適していると思われる。功利主義者はこの分野で重要な貢献をしてきたが、その理論の一般的な欠点（生活・生命やその要素を集計することへのコミットや、適応型選好の無視）は、この分野でも欠点となる。ピーター・シンガーのような筋金入りの功利主義者は、通常、功利主義的計算は、動物に苦痛を与えることを禁じると主張するが、これは経験上の問題である。というのも、人間は食品ビジネスから多くの快楽（と雇用）を得ているからだ。奴隷制度の場合のように、命をまともに取り扱っているかという問題の全体が、あまりにも脆弱な経験的基盤のうえに成り立っている。この理論が、人間の福祉のために少数の動物に対する恐ろしい残虐行為を許すことは間違いないだろう。生活の集計に関していえば、動物は単に苦痛を避けるだけではなく、移動、友情、名誉や尊厳など、さまざまな要素を持った生活を求めている。こうしたそれぞれの要素の別個の重要性を認識しておくことが大切だと思われる。最後に、数の問題がある。功利主義者が効用の平均ではなく総計を考えるならば、この理論は、（生きている価値がまったくないレベルをぎりぎり超える程度の）非常に悲惨な生活を送る生物をこの世に大量にもたらすことを正当化できる。なぜなら、それは世界の福祉の総計を増大させる方法だからだ。しかし、このようなことは食品産業が行っており、私たちはこれに反対する。なぜなら、たとえかろうじて生きるに値する命であったとしても、どんな生き物にも苦痛に満ちた生活をさせることは間違っていると私たちは考えるからだ。

より一般的に言えば、ケイパビリティ・アプローチは、動物を快楽や苦痛の受け皿としてではなく、主体として捉える。この深い概念的な違いのおかげで、ケイパビリティ・アプローチは動物の努力や活動をより適切に尊重することができるのである。

よって、ケイパビリティ・アプローチは、ベンサム、ミル、ピーター・シンガーなどの功利主義者が動物の扱いの議論に勇気ある貢献をしたことを認めつつ、別の理論のほうが優れていると主張する。カント派の伝統を受け継ぐ理論に関して言えば、カント自身は、動物の福祉についてあまり有益なことを述べていない(動物に残酷であってはいけない唯一の理由は、人間に残酷とならないように促すためだと彼は考えている)。しかし、哲学者のクリスティン・コースガードは最近、カント派の伝統に根ざすアプローチが、ケイパビリティ・アプローチと同じ結果の多くを生み出せることを示した。その考え方とは、カントによれば、私たちには単に自分自身の主体性を促進する理由があるだけでなく、私たちがこの世界で努力し、行動する仕方に内在する動物性の側面(簡単に言えば獣性)を促進する理由があるというものである。しかし、もし私たちが自分自身のそうした(動物的)側面に敬意を払うならば、仲間の生き物に同じ敬意を払うことを拒否するのは、単純に矛盾しており、カント派の人々がとくに反対しているような、ある種の悪質な自己宣伝である。コースガードのアプローチは、私自身が支持するよりも、やや人間中心的である。コースガードによれば、私たちが動物に敬意を払うべきなのは、**私たち**に何かがあるからであり、動物が**私たち**に似ているからであって、**動物**に何かがあるからではない。コースガードのカント的な主体性の見方が、多元的な社会においてどの程度、政治原理の源泉となりうるかについては、他の問題も考えなければならない(コースガードはこの問題を提起しない。それは彼女が政治的見解でなく、倫理的見解を提案しているからである)。しかし、彼女と私の立場を詳細に比較した結果、私たちの立場は非常に似ており、同じような結論に達することがわかる。

その結論とは何か。まず、私たちはケイパビリティ・アプローチをこれらの目的にかなうように修正しなければならない。私たちは**尊厳**の概念を拡大する必要がある。なぜなら、人間の尊厳にふさわしい生についてだけでなく、感覚を持つ広範な生物の尊厳に値する生についても語る必要があるからだ。動物を大切に扱う義務は人間自身の動物性を支える義務から派生すると考える拡大カント派のアプローチとは異なり、ケイパビリティ・アプローチは各種の動物を独自の尊厳を持つ存在と見なす。その尊厳を尊重する義務は、私たち人間に対する義務から派生したものではない。義務は、人間の場合のように、何よりもまず個体に対する義務であるが、種は、促進すべき生の様式の特徴的な形態を私たちに感じさせる役割を果たす。適切に拡張されたケイパビリティのリストには、私たちが支持すべき主要な項目が依然として含まれるが、それぞれの種の生の様式に注意を払い、その種の生の様式にしたがってそれぞれが生き、行動する機会を促進すべきである。生き物に選択能力がある場合は、つねに選択が優先されるが、この場合は人間の場合よりも機能に重点を置く（一種の繊細なパターナリズム）ほうがより適切だろう。

動物が「野生」で生きているときには放っておくべきだという考え方については、このような素朴でロマンティックな自然主義は今日の世界では拒絶されるべきである。人間の行為の広範な影響を受けていない生息地はほとんどない。アフリカにいるゾウが「野生」であると偽るのは、ゾウの生息地が人間の計画によって侵食されてきたという事実から逃れるための方便にすぎない。さらに、ゾウがよく生きるまともな見込みを持たせる唯一の方法は介入し続けることだが、それは賢明に行うべきであり、愚かであってはならない（自然への介入のなかで重要だと思われるもののひとつは、動物の避妊である。これは、動物にとって、ケイパビリティのリストを生殖の選択に関して修正することを意味する。最優先課題は生息地の保護であるが、十分に保護されている現在の生息地でさえ、動物の数の拡大を支えることはできない。避妊の代わりに捕食動物を導入することは、動物のケイパビリティの観点からは、強制的な避妊よりもはるかに悪いと思われる）。

私のアプローチの主な結論は、すべての動物が、その種に特徴的な生活を送る閾値レベルの機会を保障される権原を持つということだ。これが食用動物の屠殺の全面禁止を意味するかどうかは議論の分かれるところだろう（ベンサムもシンガーもこれを否定した）。将来の計画を立てることのない動物を苦痛なく殺すことは危害にならないかもしれないが、これは死の危害をどう考えるかによる。したがって、動物の福祉に深くコミットしている著述家のなかには、その動物が良い状態でまともに生きてきたのであれば、無痛の屠殺を容認できると考える者もいる。いずれにせよ、この点はさらなる議論の余地がある。

議論の余地がないのは、工場製の食品産業は大きな不正義を行っており、終わらせるべきだということであり、スポーツとしての狩りや釣り、製品試験に伴う残酷な実践、研究における動物への不要な危害なども同様である。動物と人間の両方の生を向上させるために現段階で必要な、動物を使う研究については、悲劇的な対立について以前に述べたことを再び言うべきである。すなわち、私たちは二つの悪の間で選択を迫られており、私たちがすべきことは、その選択を迫られない世界の状態にできるだけ早く移行することだ。たとえばコンピュータ・シミュレーションなど、別の研究方法を探す努力をすべきだろう。人工肉の開発がすでに進んでいる（ベジ・バーガーではなく、幹細胞から合成された肉）が、これもより正義にかなう世界に向けて大きく貢献するだろう。

環境の質

私たちが先述の五つの選択肢のどの立場をとるにせよ、環境の質はケイパビリティ・アプローチにおいて明確な役割を担っている。自然環境の質と生態系の健全性が人間の福祉にとってきわめて重要であると主張するために、（1）の立場を超える必要はない。これは、人間の福祉に将来世代へのコミットを含めて考える場合にとくに当てはまる。この重要な課題は、リベラルな政治理論（たとえばロールズによる）で包括的に取り上げられてきたが、ケイパビリティ・アプローチは、まだこの問題を徹底的に追究していない。後続世代の人間の利益をいかに考慮するかを明確にすることは、このアプローチが環境問題の真剣なプレイヤーを目指すならば、今後の研究にとって最も重要なことである。とくに、計算と割引の問題は、環境経済学の関連分野と同様に、リスクと不確実性の研究分野で十分に探究されてきたからだ。環境の質は、現在生きている人々のケイパビリティを支援することが唯一の目的であったとしても重要だが、将来世代を何らかの形で考慮に入れると、議論はずっと強力になる。そのため、そうするための正しい方法を決定することが重要であるが、それは将来の研究者の課題である。

ブリーナ・ホランドの最近の重要な研究によると、環境の質と持続可能性の問題に取り組む際に、ケイパビリティ・アプローチは現在、環境経済学で好まれている他のアプローチに比べて明確な利点がある。その主な理由は、ケイパビリティ・アプローチが、人間の生のさまざまな部分に対する幅広い影響を集計せずに考慮することを奨励するからである。たとえば、健康への影響を経済への影響と区別して考えることは重要である。なぜならば、経済成長だけに集中すると、平均的な健康状態をやや低下させる政策の選択につながるかもしれないからである。

ホランドのアプローチは、純粋に人間中心主義的なアプローチで、環境の質は人間の生の質の道具であると見なしている。彼女は、必ずしもこのアプローチが完全に正しいと考えているわけではない。公開討論の場では、弱く、議論の余地のない前提、つまり一般の人々のほとんどが受け入れると推定される前提から、非常に強力な結論を導き出せることを示すほうが役に立つからである。可能なアプローチのスペクトラムの反対側で、生態系を、その中の個々の部分とは別に、それ自体が目的であると考える立場であれば、環境保護に関して強力な結論を導き出すことができることは容易に理解できる。しかし、そのような立場の人はほとんどいないので、この種の議論が政策選択に影響を与えることはないだろう（私自身は、動物であれ人間であれ、感覚を持つ個体は、より大きなシステムの一部分としてではなく、それ自体に価値があり、より大きなシステムは、個体の生を支えるものとして価値があると信じているので、このような立場を拒否する）。私は、動物の苦しみと命の価値を強調する議論を通して、多くの人々をスペクトラムの真ん中に移動させ、動物のケイパビリティがそれ自体で重要であるという見解に関して「重なり合う合意」が生まれることが、時間の経過とともに可能になると信じている。しかし、そのような合意は、現在、存在しない。したがって、環境保護のための行動は待ったなしの問題であるから、ホランドのような人間中心主義の立場をできるだけ効果的に展開することが重要である。しかし、他のケイパビリティの理論家たちも、さまざまな立場を模索しながら優れた研究を行っている。

環境の質の問題は、人口抑制の問題と密接に関連している。この問題はしばらくの間、センの研究の最前線にあった。センは、人類が差し迫った食糧危機に直面しているというマルサス派の悲惨な予測を否定している。しかし、彼は人口増加を抑制するための大きな努力を支持している。この政策課題は、ケイパビリティ・アプローチの理論的核心と交差する。というのも、人口抑制の支持者の多くは、人間の選択の自由を大きく損なう強制的な戦略を支持してきたからだ。中国や、インディラ・ガンジー政権下のインドは、この方向に積極的に動いた。これは、生命と健康が選択の自由の領域と対立するという、悲劇的なジレンマなのだろうか？　センはそれを疑っている。なぜなら、強制的な戦略よりも、（教育、雇用の選択肢、クレジットなどを通して）女性に力を与えるほうが、人口削減にはより効果的であるという証拠に（いちおう）納得しているからだ。いずれにしても、たとえ強制的な戦略が同様な効果をもたらすとしても、自由の本質的な価値は私たちの選択をエンパワーメント・モデルの方向に向かわせるべきである。センは、インドのケーララ州では、教育とエンパワーメントによって非常に効果的に人口抑制を達成しており、このモデルは中国のモデルよりも（おそらく）効率的で、倫理的に優れていると述べている。

憲法と政治構造

ある種のケイパビリティは、人間の尊厳に値する生という考え方にとって中心的なものであると主張し、さらに、社会の「基本構造」（基本的な政治原理とそれを具体化する制度的構造）の課題は、少なくとも最低水準の中心的ケイパビリティを保障することを含むという構想を受け入れるならば、政治構造がいかにして実際にそれを保障できるかと問うのは当然である。センのケイパビリティ・アプローチの研究は、公共政策については明らかな方向性を示唆しているものの、法律と民主主義における制度の構造についてはほとんど言及していない。最小限の社会正義の問題に焦点を当ててきた私の研究では、法と政治構造が最初から中心に据えられてきた。私は、中心的ケイパビリティとその閾値の説明が、一連の（最小限の）正義にかなう政治制度に翻訳できる政治原理の源になることを思い描いている。とくに、ケイパビリティのリストを、国民の基本的権利を詳述した国の成文憲法（成文憲法がない場合には不文の憲法原理）の一部に結びつけようとしてきた。今では多くの国が、人間の尊厳に値する生という考え方に結びつけるように権利を列挙している。インドと南アフリカの憲法の伝統が、この点ではとくに興味深い研究対象となっている。

最近、私はケイパビリティ・アプローチを憲法にさらに明確に結びつける研究に取り組み、ケイパビリティに基づく一連のテンプレートをアメリカの最高裁に提供した。最高裁は、人間のケイパビリティを保護するための数十年にわたる称賛すべき進歩の後、最近では、私が「鈍重な形式主義」と呼ぶものに方向転換した。それは技術的な法律論に焦点を当てたアプローチであり、ケイパビリティに対して（憲法の条文にしっかりと根拠があるものですら）真剣に取り組まないため、不利な状況も放置される。ケイパビリティ・アプローチと憲法との関係を本格的に調べるためには、人間のケイパビリティのそれぞれの具体的な領域を詳細に調べる必要がある。憲法の条文と、現在進行中の司法解釈の歴史を通じて、法律がそれを規定してきたからだ。

中心的ケイパビリティの考え方と政府の任務の間には概念的なつながりがあるのだろうか。私の考えでは、権利は義務と表裏一体である。人々が権利を持つならば、誰に義務があるのかを特定するのは難しくても、権利を保障する義務がある。たとえ世界的な政治組織がなくても、全世界の市民のケイパビリティを保障する集団的義務を全世界が負っていると私は主張する。この義務を特定の集団や個人にどう割り当てるかは難しい問題であり、歴史学や政治学が世界構造の変化について重要な洞察を提供していることから、学際的な理論的協力が必要となる問題である。この難しさは、単一の包括的な国家が存在すべきだと考える国もなく、納得できる理由もないグローバルな状況で最も大きくなる。ここでも、人間のケイパビリティを保障する義務の多くは国に課せられているが、一部はＮＧＯや企業、国際機関、個人にも属する。その意味で、義務は政治的なものというよりは倫理的なものであり、道徳的な拘束力を持つために国家の執行メカニズムは必要としない。

それにもかかわらず、権利（あるいは中心的ケイパビリティ）は、政府の行動と概念的に結びつくものではない。少なくとも西洋では、アリストテレスに始まる長い伝統において、政府の重要な任務、そして政府の存在理由は、人々の最も中心的な権利を保障することであると論じられてきた。アメリカ独立宣言は、長い議論の伝統をまとめて、「こうした権利を保障するために、人々の間に政府が樹立され、政府は統治される者の合意に基づいて正当な権力を得る」と述べている。そして、基本的権利を保障できない政府は、その最も本質的な任務に失敗したことになる。もし、あるケイパビリティが本当にこのリストに含まれるなら、政府はそれを守り、保障する義務を負い、その目的を達成するために法律と公共政策を用いる。世界の状況は特異で、包括的な国家が存在しないため、この任務を果たせていないからといって不正義を証明できるものは何もない。ただし、世界の各組織の集合的構造が不正義を生み出しており、これを変えるべきであるというのは正しいだろう。しかし、特定の国民国家について考える場合、私たちにはその国家が国民に中心的ケイパビリティを保障しているかどうかを問う資格がある。もし保障していなければ、その国家には最小限の正義さえない。

センは、ケイパビリティと政府の間の概念的な結びつきを認めることを避けようとして、法的に強制されるべきではないケイパビリティ（権利）の例として、家族のメンバーが家族のすべての決定に関して相談を受ける権利を挙げる。この例について、私なら、人間の尊厳に値する生の概念から、そのような行為が必要とされるか、そうでないかのどちらかであると言うだろう。必要ならば、（児童虐待や家庭内暴力が法によって禁止されるように）それは法によって強制されるべきである。

必要でないならば、それは中心的ケイパビリティや人権のリストには含まれない。もし何かをリストに載せるのであれば、私たちはそれを、実践的にも概念的にも、「人々の間に政府が樹立された」目的の考え方に結びつける。私自身の考えでは、センが言及する権利（家族が意思決定の際に相談を受ける権利）は、宗教的・倫理的な包括的教義が異なる場合、市民の間で意見が分かれるのも無理はない問題である。宗教的・倫理的見解のなかには、家族の連帯と透明性を強調するものもあれば、個人の高度な自律性を主張するものもある。このような根深い違いがある場合、相談されること（ひとつのグループだけの宗教的・倫理的見解の方針）を強制すべきではない。そのため、私はこの例に関してはセンに同意する。しかし、同じ理由で、家族のメンバーが相談を受ける権利は、私の中心的ケイパビリティのリストには含まれないだろう。中心的ケイパビリティは、すべての理にかなう包括的教義の重なり合う合意の対象となる可能性のある、人間のケイパビリティに関する政治的構想と定義されるからだ。

したがって、一〇のケイパビリティは、人々の政治以前の権利を実現する、あるいはそれに対応する**目標**である。つまり、人々にはリストにある一〇のケイパビリティへの権利があると言えるのである。国の文脈では、もし政府が最小限の正義を満たそうとするなら、それらを保障することが政府の仕事となる。事実上、権利の存在は政府に仕事を与え、政府の中心的な仕事は人々にケイパビリティを保障することになる。人間や動物の生命の存在は、政府が存在する理由となり、明確に政治的な種類の義務を生み出す。全世界を考える場合、包括的な単一の政府は貧しい国のケイパビリティの欠如の問題を解決する最善の方法ではないかもしれないと判断しているため、政府は依然としてケイパビリティを保障するうえで主要な役割を果たす。その政府とは第一に、貧しい国の政府であり、第二に、貧しい国を支援する義務を負う豊かな国の政府である。人々に対して、人間であるというだけで持つ資格があるとされるものを提供することは、政府が存在する主要な理由であり、存在したならば政府がすべき主要な仕事である。あるケイパビリティがある国の憲法で（通常はやや抽象的なレベルで）基本的な権利として認められると、はるかに多くの作業が必要となる。そのケイパビリティはさらに精緻化され、具体化される必要があり、閾値が正しく設定されなければならない。憲法の伝統がそうした作業をどのように行うかを見るために、ひとつの主要なケイパビリティを簡単に検討してみよう。

「宗教活動の自由」に関するアメリカ憲法の伝統の歴史は、最初に抽象的に規定された人間の中心的ケイパビリティが、時間を経て、その要件に対する理解が深まり、徐々に具体化され、憲法を通して実現されていく経緯を示す好例である。憲法を起草する際、起草者は、「宗教活動の自由」という見出しのもとで保護したいものについて、さまざまな種類の言い回しを検討したが、次のような表現に落ち着いた。「連邦議会は、国教を定める法律や自由な宗教活動を禁止する法律を制定してはならない」。ここでは、「宗教活動の自由条項」に焦点を当てるために、「国教樹立禁止条項」は脇に置いておく。

当時の起草者は、国民の多数派が特定の宗教に属する場合、信教の自由がつねに危険にさらされるという問題をよく知っていた。少数派の側では、信仰と実践が（ときには悪意をもって、ときにはうっかりと）阻害されがちである。たとえば、土曜日が聖なる日である人々の都合を無視して、多数派が日曜日を休日に選んだり、平和主義を求める宗教があるという事実を無視して、多数派が強制的に兵役義務を課す法律を可決したり、多数派が（キリスト教の儀式に関連する）アルコールを合法とする一方で、少数派の宗教のいくつかでは幻覚剤が宗教儀式の重要な一部であるという事実を無視して、幻覚剤を制限したりする場合などである。

このような場合には、「活動の自由」という考え方を幅広く解釈する必要がある。これは、宗教的信念や実践を理由に人々を罰する法律を取り消すだけでなく、不平等な自由の問題、つまり少数派としての選択が少数派に課す特別な負担を考慮することを意味する。宗教活動の自由条項は、二〇世紀になるまで、（ほとんどの行為の場である）地方自治体や州政府の行為には適用されないとされていたため、初期の段階でこの条項を解釈した判例は比較的少ないが、州憲法とその解釈の歴史から、宗教に基づいて「便宜」を考えることが広く受け入れられた規範であったことを示す証拠は数多い。つまり、一般的にすべての人に適用される法律が、少数派の信仰や実践に特別な負担を強いるとき、問題となっている少数派は、それに反する何らかの「切実な州の利益」が存在しない限り、その法律から免除されるかもしれない。たとえば、勤務日に関する政策が、聖なる日が多数派の日とは異なる人々に負担をかける場合、州は調整を行うことが求められる。薬物使用に関する政策も、たとえば、アメリカ先住民やその他の宗教における幻覚剤の使用など、一般法からの免除の理由になると思われるが、この問題についてはまだ論争が続いている。少数派に「大きな負担」を課すことを正当化するために持ち出される典型的な切実な政府の利益は、平和と安全の利益だが、教育などの他の利益も、宗教的実践が制限されるという負担を正当化すると認められることがあった。切実な州の利益となると、行政上の負担は極端なものにならざるをえないが、アメリカ先住民の家族が自分たちの子どもに社会保障番号を取得させないことは、そのような重大な州の利益がからむと判断された。また、ボブ・ジョーンズ大学が異人種間の交際を禁止したことで免税資格を失った判例でも、人種差別を終わらせることが切実な利益であると判断された。

兵役拒否を訴えるクエーカー教徒に対して、合衆国初代大統領ジョージ・ワシントンが出した手紙には、便宜の原則についての標準的な声明が見られる。「はっきりと申し上げよう。私の意見では、すべての人の良心の呵責は非常に繊細かつ柔軟に扱われるべきであり、私が願い、望むのは、国家の保護と不可欠な利益への適切な配慮が正当化し、許容する限り、法律がつねに人々の良心の呵責に最大限の便宜を図るようにすることである」。ワシントンは、クエーカー教徒に兵役を要求しなかったし、ジョン・ロックとは異なり、彼らが不服従に対する法的な罰を受けることも望まなかった（ロックの見解と、良心のために十分な便宜を図ることを支持したロジャー・ウィリアムズの見解との対比については、『良心の自由』の第二章を見よ）。

二〇世紀半ばには、この一般的な考え方が法的な枠組みに組み入れられ始めて、現在、私たちはそれを用いて、すべての市民の平等な価値を尊重するようにこの最も重要なケイパビリティを制度化するとはどういうことかを理解している。アデル・シャーバートは、サウスカロライナ州の繊維工場で働く優秀な労働者だった。一九五〇年代、彼女の雇用主は週の労働日数を六日に増やし、土曜日を追加した。労働者のほぼ全員がキリスト教徒だったからだ。しかし、シャーバートは、土曜日を聖なる日とするセブンスデー・アドベンチストの信者だった。彼女は土曜日の出勤を拒否したため解雇され、他の仕事を見つけることはできなかった。というのも、その地域のすべての雇用主が同じように労働日を設定していたからだ。驚くことではないが、土曜日に休業して日曜日に営業する会社はなかった。彼女は州に失業補償を申請したが、「適した仕事」を拒否したという理由で却下された。彼女は、この失業政策が宗教活動の自由を侵害していると主張して裁判を起こした。一九六三年、連邦最高裁判所は、シャーバート対ヴァーナー裁判において、州が失業手当を支給しないのは、憲法が認める彼女の宗教活動の自由の権利を侵害していると判断した。それは土曜礼拝に罰金を科すようなものだと言うのである。州は、失業手当の支給を憲法上、要請されているわけではまったくないが、いったん支給すると決めたら、支給の条件は個人の宗教上の良心を侵すようなものであってはならないと述べた。そして、「活動の自由」を制度化するための一般的な理論的枠組みを明らかにした。すなわち、いかなる法律や政策も、「切実な州の利益」がかかっていない限り、人の宗教行為に「大きな負担」を課すことはできない、と。

こうした概念はまだ非常に抽象的だ。この判例は、このような場合に給付を拒否することは「大きな負担」を強いることを明確にしたが、「大きな負担」の定義は示されなかった。最高裁判所はサウスカロライナ州の主張を退けたが、その概念の一般的な説明はなかった。これが、私たちの憲法制度が機能するしくみである。漸進的に、裁判所が少しずつ線路を敷いて、問題となっているケイパビリティを実現するための条件を段階的に詳しく述べていき、ある権利の輪郭を徐々に明確化するのである。このような判例の歴史をすべてたどっていくと、新しい判例が出てくるたびに、これらの概念のそれぞれがどのように継続的に、そしてより具体的に、解釈されてきたかがわかる。

また、このケイパビリティの境界についての新たな疑問が新たな判例とともにどのように出てきたかもわかる。たとえば、宗教活動の自由の原則は、子の健康や命を危険にさらす権利を親に与えるのか？（エホバの証人と輸血について考えよ）。また、道路建設（これはアメリカ先住民の部族が土地をある種の儀式に使うことを妨げる）のように、政府が所有する土地に何かをするだけで、「大きな負担」になるのか（リン対北西インディアン共同墓地裁判で、最高裁判所は、たとえ道路が儀式のための土地利用を妨げるとしても、大きな負担には当たらないと判断した。なぜなら、政府はその土地を所有しており、所有しているものを使用しただけだからである）。切実な州の利益についてはどうだろうか。行政上の負担が非常に大きい場合、その負担は切実な州の利益なのだろうか。教育は切実な州の利益なのだろうか、もしそうだとすれば、どのような種類の、どの程度の教育なのだろうか。このような疑問にひとつずつ答えていくと、ケイパビリティの輪郭はよりはっきりし、線路も延びていく。このイメージは、つねに進歩があることを示唆するものではない。良い伝統が覆されることもあるだろう。しかし、前例を尊重するシステムにおいて、それは比較的困難である。

この例が明らかにしているように、憲法が認める中心的ケイパビリティの司法的実現には、このアプローチをさらに発展させるうえで注目すべきいくつかの特徴がある。それらは人々に対してケイパビリティを適切に具体化していくときに役に立つと思われる。この意味で、それはケイパビリティ・アプローチととくに親和性がある。まず、問題のケイパビリティが、それ自体で重要なものとして個別に扱われる。裁判所は、ある分野での権利の保護が他の分野での権利の保護のために必要であるという見解を示して、他の権利に目を向けることがあるが、それは比較的まれである。宗教活動の自由条項と国教樹立禁止条項は相互に関連しながら制度化されてきた歴史があるが、それはこれらが宗教の分野でまとまった保証の一部をなすと理解されているからである。同じ修正条項のなかの言論の自由条項でさえ、多かれ少なかれ完全に別の解釈の歴史を持っている。

ケイパビリティは相互に関連する権利の集合をなしており、あるケイパビリティが他のケイパビリティを促進するうえできわめて重要になることがあるというのはたしかに正しい。憲法の伝統はこれを認識することができるが、他方で、基本的な権利どうしを天秤にかけたり、ある権利を他の権利で買い取るために補償を行ったりすることは、すべて暗黙のうちに拒否している。信教の自由と平等が満たされていないときに、他のもので埋め合わせることはできない。ジョージ・ワシントンは、クエーカー教徒に「兵役は義務であるが、それ相応の現金を支給する」とは言わなかった。

ピープル対フィリップス裁判では、カトリックの司祭が、告解の場で告げられた情報を提供することを宣誓のもとで拒否したが、「答えれば、埋め合わせにあなたの教会に十分な寄付をしよう」とは言われなかった。そうではなく、法の「温和で公正な原則」は、宗教上の良心に背くか、刑務所に入るか、どちらかを選択させるような「恐ろしいジレンマ」に人を陥らせることはしないと言われた。「唯一の道は、裁判所が、司祭はいっさい証言しなくてもよい、と宣言することだ」。その理由は理解できる。司祭は自分の良心に背くことを要求されており、実際に背くことになれば告解の秘跡を廃止するのに等しいとされた。この問題は、仮に司祭や教会が多額の寄付金を受け取っていたとしても帳消しにはならなかっただろう。「神父さまに秘密を打ち明けなさい。たとえ神父さまが法廷で秘密を明かさなければならなくなっても、教会は多額の寄付金を得ることができるので安心です」と言っても、うまくいかないのだ。

こうした判例が示す司法的実現の第二の特徴は、慎重な**漸進主義**であり、ある判例が別の判例を前進させたり、別の判例の洞察を確認して深めたりしながら、年月をかけて構造を打ち立てていくことである。抽象的に規定された権利の輪郭は、当初はきわめてぼんやりしていることが多い（たとえば、アメリカの言論の自由の原則は、戦時中の反体制派の言論の自由を保護するものではないと長く理解されていた）。私たちは、時間が経過し、新しい判例が出てくるにつれて、私たちが何を保護しているのかをより明確に理解するようになり、その保護はより強固なものになる。こうして、「閾値」という抽象的な概念は、憲法の言葉やそれを明確にするために使われてきた解釈の言葉（「大きな負担」や「切実な州の利益」）のますます具体的な定義の概念になるのである。

関連する第三の特徴は、優れた解釈の**文脈主義**である。抽象的な原理は、つねに具体的な文脈のなかで実現される。中心的ケイパビリティに関わる裁判で正しい判決を下すためには、その文脈とそれがもたらす機会を現実的に理解することがきわめて重要だ。裁判官は、一般論のレベルにとどまったり、それぞれの裁判の内容を考えることを拒否して単なる形式主義的なアプローチに逃げ込んだりするわけにはいかない。特定のケイパビリティが実際に人々に保障されてきたかどうかという難問に向き合うために、歴史と社会の現実を掘り下げる必要がある。ここでいう文脈主義は、将来への指針とならないその場しのぎの「状況倫理」や、根無し草のようなプラグマティズムを意味しない。一般原則が実行されていることを要求するものである。しかし、一般原則をうまく実行するためには、機会が開かれているか閉じられているかのどちらかであるような生活の特定の領域で人々が実際にどのように行動するかを理解しなければならない。文脈主義はすべてのアプローチにとって望ましいが、ケイパビリティ・アプローチとの親和性はとくに高い。後者は、ケイパビリティの十分な発揮を妨げる隠れた障害を見分けるため、社会的・歴史的な文脈のなかで各人の物語を検討することの重要性をつねに強調してきたのである。

憲法上の権利の優れた司法解釈が持つ第四の特徴は、つねに**少数派が平等な扱いを受ける権利に焦点を当てている**ことである。実際、司法の役割は、そうしたケースに正しく焦点を当てている。なぜなら、少数派は多数決主義的な政治プロセスにおいて不利であり、そのため少数派の権利はとくに司法の保護を必要とするからである。長老教会派や監督教会派が、憲法修正第一条の信教の自由に関して訴訟を起こすということは、ほとんど想像できない。彼らがどんな問題を抱えそうだというのか。多数派がルールを作るので、「大きな負担」を強いられる危険性が不平等に高いのは少数派である。実際、この伝統の優れた点は、ときに少数派の理解に関するセミナーのように読めることだ。当初、アメリカ最高裁がプロテスタント以外の宗教を理解することは困難だった。そんななか、カトリックとユダヤ教徒は比較的うまくいったが、アメリカ先住民と、とりわけモルモン教徒はあまりうまくいかなかった。

しかし、時がたつにつれて、この伝統自体の要請として、裁判所は、馴染みのない伝統の信条や主張を繰り返し検討し、これらはどのような負担を生むのかについてさらに学ぶようになる。現在、アメリカ先住民の宗教は、以前よりもはるかによく理解されている。オールド・オーダー・アーミッシュ〔旧派アーミッシュ〕のようなコミュニティに基づく宗教は、かなり公平に扱われている。私の個人的なお気に入りは、テネシー州のスワン対パック裁判で、毒蛇を扱う宗派をめぐるものだ。問題となったのは、毒蛇がもたらす危険を回避することに、切実な州の利益があるかどうかだった。この問題に答える過程で、裁判所はこの宗派、蛇についての見解、この宗派の礼拝における蛇の中心性などについて、最も謙虚で興味深い議論を展開し、最も危険な蛇を禁じれば、宗派にとって大きな負担になると結論づけた。ある時点で、下級裁判所は、子どもを除外すれば、問題となっている実践を制限することに切実な州の利益はないと判断した。しかし、上級裁判所（この場合はテネシー州の最高裁判所）は、危険を十分に知らされていない大人のリスクを理由に、反対の判決を下した。それにしても、ごく少数の非典型的な少数派に対する敬意と感受性を示す感覚は、非常に印象的だ。

これまでのところ、ケイパビリティと法律に関する私の研究は、成文憲法における基本的権利の保護と、司法解釈を通じたその制度化に焦点を絞ってきた。これでは不十分だ。なぜなら、この焦点は、第一に、基本的な権利を解釈する仕事がすでに司法に割り当てられている政治的構造と、第二に、司法がこの仕事をうまく行うという確信を前提としているからだ。しかし、基本的ケイパビリティは、他の方法、すなわち、立法と行政機関を通して制度化される。公共選択に関する膨大な文献は、変化の計画を促進したりそれに反対したりする際の利益団体の役割や、公共選択につきものの困難のいくつかを回避し、平等な主体性や互恵性といった規範的コミットメントの情報に基づく熟慮のプロセスを生み出すうえで政治構造の主要な要素（投票手続き、二院制、連邦制、司法審査自体）が果たす役割といった問題について、重要な成果をもたらしてきた。

一方、ケイパビリティ・アプローチの枠内でのセンの研究は、民主主義と公共の討論の本質的および手段的価値に焦点を当てることで、ある程度この問題に対応してきた。公共的合理性にコミットすることを「西洋的」だと見なす反対派とは対照的に、センは著書『議論好きなインド人』や『インド――民主主義と参加（*India: Democracy and Participation*）』で、このコミットメントがいかにインドの伝統に深く根ざすものであるかを示している。また、センの『アイデンティティと暴力』における宗教的過激主義の議論では、集団の分極化と対立の主な原因の一つとして公共の議論の失敗に焦点を当てている。ただ、（その議論の構造と性質を注意深く規定しない限り）単に公共の議論がもっと行われれば宗教的暴力が減少するという彼の示唆は間違っていると思われる。しかし、センは、いま述べた構造的問題に対処するような民主的手続きの詳細な説明をまだ提示していない。多数決投票では決められないような基本的権利を確立することに彼が賛成しているかどうかさえ明らかではない。

民主的な手続きを通じた市民のエンパワーメントは、ケイパビリティ・アプローチに取り組むほとんどの人の共通の目的であり、ケイパビリティ・アプローチの非常に重要な特徴であって、そのことはセンと私の双方が人々の主体性と選択の尊重を強調していることからも見てとれる。しかし、「民主主義」という言葉は十分に定義されていないことがあまりにも多い。現代の民主主義国家のほとんどは、多数決投票の影響が及ばない権利を確立している。民主主義が「国民による統治」を意味するのであれば、このような権利の確立は、民主主義の不可欠の特徴であると言えよう。それは、自己統治の基本的な側面（一人一票、法の平等な保護、適正手続き、結社の自由など）を保護するからである。言い換えれば、民主主義を単なる多数決主義と理解してはならない。また、最近の民主主義が考え出した、人々に最も力を与える方策の一つは、インドの農村のパンチャーヤト（村議会）で議席の三分の一を女性に割り当てたことだったと言える。もし民主的という言葉が地域の多数派の支持を意味するのであれば、この方策は非民主的ということになるかもしれない。しかし、民主主義が多数派の支持を意味しないことも多いのである。この方策は、すべての人を拘束する憲法改正によって制度化された。それでも、女性は驚くほどの力を得たのだ。

つまり、「民主主義」という言葉は私たちにほとんど何も教えてくれないし、エンパワーメントや敬意を全面的に支持しながらも、政治構造がこれらの問題にどう対処すべきかは議論の余地があると考えることもできる。私たちは、政治構造の課題全体を取り上げ、政治学者や公共選択論者が徹底的に議論してきた問題を考える必要が大いにある。その問題とは、権力の分立、投票手続き、利益団体の役割、その役割を制限するための手続き、そしてその他の多くの重要なテーマである。洗練された構造的分析を欠いた「民主的な議論」への言及は、（とくにこうした課題に関する膨大な専門的文献が存在する場合には）内容に乏しいように見える。同様に問題含みなのは、市民社会組織がすべての市民の平等や基本的な憲法規範との関係を吟味する前に、「市民社会」に頻繁に言及することである。歴史上、最も強力な市民社会組織の一つがヒンドゥー右派であり、その巨大な動員力を利用して、（まさに公共の議論を通じて）イスラム教徒を侮辱している。同様に、ロビー団体も強力な市民社会組織であり、すべての市民の平等なエンパワーメントに反することをしばしば行っている。もっと多くを言う必要がある。こうした議論の場はどれもそれ自体として良いものとはいえない。

よって、今後のケイパビリティ・アプローチの大きな課題は、政治構造についてもっと体系的に考えることである。ある程度、これは各国の歴史や事情（有権者の教育水準、裁判官が有権者の生活や意見に接している可能性など）を捨象しては行えないものである。しかし、公共選択の文献や、熟議民主主義や参加型民主主義に関する文献は、具体的な問題における前進を示しており、ケイパビリティ・アプローチをこれらの洗練された研究に結びつけることは重要だと思われる。

ケイパビリティと人間心理

同様に重要な未来への課題は、人間のケイパビリティを実現するプログラムを支えたり、妨げたりする感情やその他の心理的傾向を説明する政治心理学を考え出すことだ。思いやりや連帯感のような感情がなければ、個人の自己利益の多大な犠牲を要求する困難なプログラムを作れないことは明らかである。ダニエル・バトソンの重要な研究によれば、思いやりの心（彼は「共感的関心」と呼ぶ）は、自分に近い人を優先しやすいため、それだけでは頼りにならないが、同時に、感情には独特な動機付けの力があり、それを無視するのは愚かである。制度には、人間が持たないことの多い確実性や中立性があり、情緒の一時的な揺らぎよりも持続的である。とはいえ、情緒が弱まっていけば、優れた制度はいずれ変化することになる。一連の政治制度を正当化するために、それが現実の人々によって実現され、時を経ても安定していることが求められるとすれば、政治領域における感情的側面を研究しなければ、この課題を達成することはできない。アリストテレス、ホッブズ、ルソー、ミル、ロールズなど、偉大な政治理論家の多くが感情を中心的なテーマにしてきたことは驚くことではない。

このような研究には二つの部分が必要だ。第一に、人間の心理「それ自体」について何を知っているか、つまり、特定の文化の創造物ではない人間の心理というものがあるとすれば、それは何かを問う必要がある。人間は限りなく変われるわけではなく、一般的な人間の傾向（同調圧力、権威への服従、恐怖、嫌悪など）についての心理学的研究は、文化を越えて堅く信頼されている。

そして第二に、これらの感情的傾向はどれほど変わりやすいのか、そして（家庭、学校、その他の社会的環境において）どのような介入をすれば、この世界のすべての市民の中心的ケイパビリティを実現するという目標を支える方向に導くことができるかを理解する必要がある。ミルは、人間は非常に変わりやすいと考え、人生における自分の成功を、将来の人も含めた他者の成功に重ね合わせるような公教育プログラムを提案した。たしかにミルは人間の変わりやすさを誇張したが、私たちは、あらゆる年齢層において感情を形成する社会規範の役割を過小評価すべきではない。このアプローチを実現するため、もしくは正当化するためでさえ、さまざまな社会的影響によって政治的に重要な感情が形成される進行過程やその方法について理解を深めることが重要だ。

この作業の一環として、思いやりや敬意といった、ケイパビリティ・アプローチを支える感情を理解する必要がある。これらの感情は、はっきりと一貫して感じられることが少ないため、本質的に頼りにできるものではない。そのため、人間は平等であるという考え方に基づく政策が、人々の動機の力を奪うことなく支持されるにはどうすればよいか、また、言論の自由や討論の大切な価値を損なうことなく、これらの感情をどのように教育すればよいかが、私たちに課せられた一つの課題だ。もうひとつの大きな仕事は、ケイパビリティ・アプローチを台無しにする感情についての研究で、そこにはさまざまな形の憎悪や嫌悪だけでなく、しばしば他人を辱めたり、汚名を着せたりすることにつながるような、自分の無力さに対する原始的な恥の感覚が含まれる。

この線に沿って取り組みを始める際には、政治的リベラリズムへのコミットメントによって課される制約を、非常に深刻に受け止める必要がある。政治的リベラリズムが私たちに求めるのは、多元的な社会に存在する人間の生の多様な考え方を尊重することである。そのため、政治原理は、集団間で論争となるいかなる形而上学的、認識論的、心理学的な教義にも基づいてはいけないとされる。これは難しいことだが、ジョン・ロールズは、宗教的・世俗的なさまざまな人生観において軋轢を生じながら展開されている考え方（人格、主体性、自律性、客観性）について、政治的に実行可能なものを作り出すことで、それが可能であると考える理由を私たちに示してくれた。ロールズは、似たようなことが心理学でもできると信じていたし、政治的安定性の理にかなった説明をするためには、そうしなければならないと考えていたが、それをしなかった。彼は、『正義論』で展開した子どもの発達と感情に関する説明を、おそらく物議をかもすとして棚上げした。さらに「理にかなった政治心理学」を開発する必要があると主張したが、自分ではそれを行わなかった。

ロールズとともに、私は、政治的リベラリズムの範囲内で、この課題は重要であり、実行できると考えている。うまく行うためには、感情についての科学的・実験的研究をできるだけ多く学ばなければならない。というのも、それらはすべての理にかなう見解が受け入れることのできるデータを提供するからだ。規範的な側面（どのような感情を育むべきか）については、おそらくすでに重なり合う合意の対象となっている政治原理そのものから得られるだろう。しかし、子どもたち、とくに幼い子どもたちについて知る必要のあることは、実験データだけからすべてを知ることはできない。臨床心理学、精神分析、歴史、文学などの人文科学的な学問も、子どもの内面生活の力学への洞察を与えてくれる。そうした洞察が実験で裏づけられるのは、よくあることで、つねに良いことだが、実験だけでは幼少期の恐怖心や自己愛、恥などについて、私たちが知る必要のあるすべてを知ることはできない。よって、私たちは、人文科学や解釈学の分野からの洞察を、柔軟に、独断を排して利用し、市民が複数の道筋を考慮できるようにしなければならない。たとえば、精神分析を拒否する世界観の人は、プルーストによる同様の洞察を受け入れるかもしれない。

人間の感情についてうまく語るには、人生経験や、人間のさまざまな苦境についての幅広い読書、そして苦しみと喜びの両方についての並々ならぬ洞察力が必要だ。このような洞察力を持つ経済学者はほとんどいなかったし、少なくとも研究のなかでそれを示していない。感情という論点全体を重要でないものと片付けてしまうこともある。偉大な哲学者のなかには、私が考えるような人間への洞察力を持つ人（たとえばプラトン、アリストテレス、セネカ、ルソー、ミル、タゴールなど）もいた。他の哲学者たちはそれを持たないように見える。あるいは、少なくとも著作のなかではそうした問題について書くことを避けていた。ケイパビリティの理論家は、心理学の実験研究からできる限りのことを学ぶ必要があるだけでなく、小説、伝記、自伝、心理学の事例集など、人間の経験という複雑な要素の理解を深めることができるものは、何であれ読む必要がある。そこに、政治的な達成と安定という私たちの希望がかかっているのである。

結論

私たちが生きている時代を支配しているのは、利潤動機と国の経済的成果をめぐる不安である。しかし、経済成長は賢明な公共政策の目標の一部ではあるが、一部に過ぎず、単なる手段に過ぎない。最終的に重要なのは人々であり、利潤は人間の生活のための手段に過ぎない。グローバルな開発の目的は、優れた国内政策の目的と同様に、人々が充実した創造的な生活を送り、可能性を伸ばし、平等な人間の尊厳に見合った意味のある存在になれるようにすることである。つまり、開発の真の目的は**人間開発**である。他のアプローチや指標は、せいぜい人間生活の発展の代理指標であり、ほとんどは、人間の優先事項を豊かに、正確に、あるいは微細に反映するものではない。一人当たりGDPが人間の生活の質を表す良い指標ですらないというコンセンサスが広まりつつあるにもかかわらず、それは依然として生活の質の指標として広く使われている。

ほとんどの国が、国内において人々を尊重するためには、国の優先事項をGDPよりも豊かに、より詳細に説明する必要があることを理解するようになった。全体として、憲法やその他の建国文書がより適切な説明を提供している。しかし、新しいグローバルな秩序における政策決定を支配する理論は、優れた国家憲法に体現されている尊重すべき複雑さをまだ達成しておらず、こうした理論は、不備があるにもかかわらず、巨大な力を持っている。残念なことに、これらの理論は、国際機関だけでなく、各国の国内の優先事項にも大きな影響を与えており、現在、多くの国は、国民に対する他の約束を反故にしながら経済成長を追求している。不完全な理論の使用は、この焦点の狭さの背景のほんの一部に過ぎないが、それはうまく対処されうるものであり、現実に対処されているのである。

新しい理論的パラダイムが進化しており、それは、人間の平等な尊厳が要求する生活の質を求める人々の味方である。支配的なアプローチとは異なり、この理論の出発点は、階級、宗教、カースト、人種、ジェンダーを問わず、すべての人間の平等な尊厳へのコミットメントであり、その平等な尊厳に値する生活をすべての人が達成することにコミットしている。それは、生活の質を比較評価できると同時に基本的社会正義の理論でもあり、支配的アプローチの主な欠点を是正する。分配に敏感であり、とくに、従来排除され、疎外されてきた集団の苦闘に焦点を当てる。また、人々が追求する目標の複雑さや質の多様性にも敏感である。こうした多様な目標を一つの箱に押し込むのではなく、目標間の関係を慎重に検討し、それらがどのように互いに支え合い、補完し合うかを考える。さらに、人々が同じ水準の選択と行動の能力に達するためには、とくに異なる社会的立場から始める場合には、異なる量の資源が必要になるという事実も考慮している。

このような理由から、ケイパビリティ・アプローチは、開発経済学や公共政策の分野で支配的な開発アプローチに代わるものとして、世界中で注目されている。それは国内および国家間の基本的社会正義を実現するためのアプローチとしても注目されている。ある点では社会正義の他の哲学的理論と一致するが、他の点では異なり、たとえば、障がい者の苦闘に関して社会契約モデルが考える以上の支援をすることができる。

私たちの世界は、よりクリティカル（批判的）な思考とより丁重な議論を必要としている。サウンドバイト〔放送で使われる短い印象的な言葉〕で議論するという悲惨なやり方が広く行われているが、これは、人間の平等な尊厳をより尊重するような公共の論議のやり方に早急に置き換える必要がある。ケイパビリティ・アプローチは、国内および国際的な議論に貢献するものとして提供されており、丸ごと鵜呑みにすべき教義ではない。それは、熟考され、消化され、他のアプローチと比較されるように提示され、議論の試練に耐えられるならば、採用され、実践に移される。これが意味するのは、本書の読者であるあなたが、この人間開発の物語の次の章の著者になるということである。

追　記

本書は、知的で実践的な運動の物語であり、その専門家の会には、このような考えに関心を持つ人なら誰でも参加できる。それがＨＤＣＡ（人間開発とケイパビリティ学会）である。三年間の準備会議を経て二〇〇四年に発足したこの学会は、年次総会を開催し、ジャーナルを発行し（*Journal of Human Development and Capabilities* は国連開発計画と提携しているが現在は学会が編集を担当している）、世界各地でさまざまなセミナーや活動を支援している。アマルティア・センと私は学会の「創立会長」だが、学会の日々の活動は、持ち回りの執行委員会、「働き蜂」と呼ばれる熱心な若手研究者のグループと、二年の任期を務める会長によって支えられている（センとヌスバウムの後、オックスフォード大学のフランシス・スチュアート、コーネル大学のカウシック・バスー（当時はインド政府首席経済顧問）などが会長を務めた）〔歴代会長は、A. Sen, M. Nussbaum, F. Stewart, K. Basu, A. Atkinson, H. Richardson, R. Kanbur, I. Robeyns, J. Drydyk, M. Walker, E. Chiappero-Martinetti〕。

学会の目標は、ケイパビリティ・アプローチに興味を持つ人々が、現在の学術の世界に存在する次のような著しい隔たりを乗り越えられるようにすることである。

(a) 学問分野間の隔たり。このアプローチに期待できることを実現するために、経済学者は、政治学者、哲学者、社会学者、心理学者、環境科学者などともっと話し合う必要がある。

(b) 理論と実践の隔たり。開発実践者や政治家は、知的研究をしている人に多くを提供することができるし、その逆もまた然りである。理論研究は現実世界に呼応すべきであり、公共政策や開発実践の世界には理論的アプローチによって明らかにできることがある。

(c) ベテランと若手の隔たり。学術の世界では、キャリアの初期段階の若い研究者がベテランの理論家に接する機会がぜひとも必要である。

(d) 地域や国家間の隔たり。ベテランの研究者だけでなく、とくに若い研究者も、国や地域を越えて互いに交流する機会が必要である。

本書の読者は、現在、学術機関に所属しているかどうかにかかわらず、学会に入会し、年次総会に論文を提出し、同じ問題に関心を持つ人々とネットワークを構築する方法としてウェブサイトを利用することができる。

付録A　ヘックマンとケイパビリティ

二〇〇〇年にノーベル経済学賞を受賞したシカゴ大学の経済学者ジェームズ・J・ヘックマンは、その輝かしいキャリアを通じて、幼児期への関心に関連して人間のケイパビリティの考え方に焦点を当ててきた。ヘックマンの重要な実証研究は、これまで人間開発アプローチについての研究では十分に引用されてこなかったが、彼が並行して行っている研究プロジェクトで生み出されたアイデアは、将来的には人間開発研究の中心となるはずだ。なぜなら、人間のケイパビリティの開発における公共政策の明確な方向性を示すとともに、問題となっている課題を明らかにする洗練されたフォーマルなモデルを提供しているからだ。二〇一〇年春にシカゴ大学で開催された学会は、ヘックマンとヌスバウムが組織し、センが基調講演を行って、このギャップを埋め始めることができた。今後も相互の啓発が続くことを期待している。

ヘックマンは「ケイパビリティ」を達成のための技能や可能性と理解している。彼のアプローチは経済学の「人的資本」アプローチに根ざしており、定義からすると、彼のケイパビリティ概念は、ヌスバウムの「結合ケイパビリティ」よりも「内的ケイパビリティ」に近い。言い換えれば、機能の選択を許すか妨げることになる外的な社会的状況そのものは、ヘックマンの用語法においては、ケイパビリティの要素ではない。したがって、二つのアプローチの間で良好な意思疎通を行うには、用語法の違いに注意を払う必要がある。

ヘックマンの中心的な論点は、（広範な心理学の研究やその他の実証的研究に基づいて）人間のケイパビリティは非常に早い時期に、さまざまな環境の影響を受けて決定的に形成されるということである。出生前に始まる影響は後の発達に及び、家族と過ごす幼少期、初期の学童期を通して続く。ヘックマンが関心を寄せるのは、認知的スキルと、彼が「非認知的」スキルと呼ぶものの両方で、後者は大人になってからの成功に強く影響する情緒的・性格的な能力（注意力、自制心など）を意味する（「非認知的」という言葉に括弧をつけた理由は、情緒という非認知的な概念を認知的な概念に対して擁護することを、ヘックマンのプログラムは意図していないからである。ヘックマンがその言葉を用いるのは、計算や他の知的なスキルの領域から情緒の領域を区別するためだけである）。実証研究では、早期介入の重要性が示されており、格差に引き裂かれた社会において可能性を切り開くためには、就学前の介入や家族と連携したプログラムが必要であるとする根拠となっている。実際、ヘックマンの持論は、胎内で将来の人間の健康を増進するためのプログラムと出生後のプログラムの両方を通じて早期に介入しなかったことで、人間の可能性の多くが無駄になっているというものである。人間の中心的な能力のほとんどは、幼少期の出来事によって決定的に影響を受けることが研究で明らかになっているが、自制心などの重要な情緒的能力の一部は、その後も青年期を通じて発達するので、その年齢層に対しても支援プログラムを工夫する理由があるということもヘックマンは主張する。

ヘックマンは、心理学者、健康の専門家、家族の専門家と協力して、学際的な研究プログラムを続けている。この研究は、人間開発のパラダイムを追求する哲学者や経済学者の研究に完全に統合される必要がある。

ヘックマンと彼の共著者による以下の重要な出版物は、人間のケイパビリティに関する彼らの研究のごく一部であるが、ヘックマンや他の人々による関連研究への参考文献を含んでいる。

Borghans, Lex, Angela Lee Duckworth, James J. Heckman, and Bas ter Weel. "The Economics and Psychology of Personality Traits." *Journal of Human Resources* 43 (2006): 972–1058.

Borghans, Lex, Bart H. H. Golsteyn, James J. Heckman, and Huub Meijers. "Gender Differences in Risk Aversion and Ambiguity Aversion." *Journal of the European Economic Association* 7 (2009): 649–658.

Carneiro, Pedro, and James J. Heckman. "Human Capital Policy." IZA Discussion Paper no. 821, SSRN http://ssrn.com/abstract = 434544.

Cunha, Flavio, and James J. Heckman. "Formulating, Identifying and Estimating the Technology of Cognitive and Noncognitive Skill Formation." *Journal of Human Resources* 43 (2006): 738–782.

———. "The Technology of Skill Formation." *AEA Papers and Proceedings* 97 (May 2007): 31–47.

———. "The Economics and Psychology of Inequality and Human Development." *Journal of the European*

Economics Association 7 (2009): 320–364.

Cunha, Flavio, James J. Heckman, Lance Lochner, and Dimitriy V. Masterov. "Interpreting the Evidence on Life Cycle Skill Formation." *Handbook of the Economics of Education,* vol. 1, ed. Eric A. Hanushek and Finis Welch. Amsterdam: Elsevier, 2006, 697–812.

Heckman, James J. "Catch 'em Young." *Wall Street Journal,* January 10, 2006, p. A14.

———. "Skill Formation and the Economics of Investing in Disadvantaged Children." *Science* 312, June 30, 2006, 1900–1902.

———. "The Economics, Technology, and Neuroscience of Human Capability Formation." *PNAS* 104, August 14, 2007, 13250–13255.

———. "Schools, Skills, and Synapses." *Economic Inquiry* 46 (2008): 289–324.

———. "Schools, Skills, and Synapses." VOX, http://www.voxeu.org/index/php?q=node/1564.

Heckman, James J., and Dimitriy V. Masterov. "The Productivity Argument for Investing in Young Children." *Review of Agricultural Economics* 29 (2007): 446–493.

Heckman, James J., and Yona Rubinstein. "The Importance of Noncognitive Skills: Lessons from the GED Testing Program." *American Economic Review* 91 (2001): 145–149.

Heckman, James J., Jora Stixrud, and Sergio Urzua. "The Effects of Cognitive and Noncognitive Abilities on Labor Market Outcomes and Social Behavior." *Journal of Labor Economics* 24 (2006): 411–482.

Knudsen, Eric I., James J. Heckman, Judy L. Cameron, and Jack P. Shonkoff. "Economic, Neurobiological, and Behavioral Perspectives on Building America's Future Workforce." *PNAS* 103 (2006): 10155–10162.

付録B　セン、福祉、主体性

センはデューイ講義（"Well-Being, Agency, and Freedom," *Journal of Philosophy* 82（1985）, 169-221）で、**福祉の自由**（well-being freedom）と**主体性の自由**（agency freedom）という区別を用いており、これはかなりの影響を与えている。私はこの区別を使わないので（センも最新の研究では使っていない）、なぜ使わないのかを述べて、センのカテゴリーと私のカテゴリーの関係を明らかにすることが重要である。

センは、「福祉の側面」（この言葉によってセンは人の繁栄や人生の順調さを意味しているようである）と、彼がカントの道徳哲学に関連づける選択の力としての「主体性の側面」とを区別している。しかし、彼はさまざまな福祉の概念を調べて、精神状態の概念と欲求充足の概念の両方を却下し、それらは人の福祉の他の重要な側面、とくにさまざまな形態の活動を含んでいないため、狭すぎると主張する。そして、「福祉の第一の特徴は、人が非常に広い意味でいかに『機能する』ことができるかという観点で見ることができる」（197）と結論づけている。彼はこの考えを二回言い換えている。「人の福祉の第一の特徴は、その人が達成する機能ベクトルである」(198)。「福祉の中心的特徴は、価値ある機能を達成するための能力である」(200)。人は重要な機能を評価しなければならず、よって人の福祉はその人の評価に応じたものになる、と彼は結論づけている。

こうした表現はただちに疑問を提起する。福祉は価値ある諸機能のための機会(ケイパビリティ)なのか、それともそれらの達成なのか? 最初の表現は前者を示唆しているように見える。続く議論では、この図式を確認しつつも、自由は福祉のひとつの側面にすぎないと主張して、複雑にしている。達成された福祉は、主に達成された機能にあるが、それらを選択する機会もまた、人の「福祉の側面の評価に関連する」(201)のである。ここで、断食している人と飢えている人の二人がいるとしよう。センは「二人の間には実際に達成された福祉の水準」では違いがないと言う。しかし、自由の点では違いがある。断食する人は、自ら選んで栄養状態を低くしているのであり、この違いはその人の福祉の評価にとって重要である。機能するかしないかを選択するこの自由を、センは以後「福祉の自由」と呼ぶが、関連する議論からは、センがこの自由を単に福祉のための手段としてではなく、人の福祉の構成要素として捉えていることが強くうかがえる。

つまり、センにとっての自由とは、行うか行わないかという双方向の自由を意味しているようであるが、それは福祉そのものに内在するものである。福祉の自由とは、この「人がさまざまな機能ベクトルを持ち、対応する福祉を達成するケイパビリティに集中する」(203)自由のことである。センはここで、この自由の概念を、「より広い」「人の主体性の側面に関連する」と呼ぶ自由の概念と対比させている（203）。これは少し意外である。というのも、主体性はすでに考慮されていたと思われるからである。この肝心な区別をセンがどのように述べているか見てみよう。

人の「主体性の自由」とは、その人が重要と見なす目標や価値を追求するために、その人が何を自由に行い、達成できるのかを指す。人の主体性の側面は、その人の目的、目標、忠誠心、義務、そして本人の（広い意味での）善の構想に注目せずに理解することはできない。福祉の自由が、福祉という特定のものを達成するための自由であるのに対し、主体性の自由の考え方はより一般的で、特定の目的には縛られない。主体性の自由とは、責任ある主体としての人間が、自分が達成すべきだと決めたことを達成する自由である。この**開かれた条件性**（open conditionality）が、主体性の自由の性質を福祉の自由とはかなり異なるものにしている。福祉の自由は特定のタイプの目的に集中し、それに対応して機会を判断するのである（203-204）。

功利主義者にとって、福祉は幸福や欲求充足と結びついた狭い意味を持ち、この区別は不可解なものではない。しかし、センはすでにそうした狭い意味での福祉を否定しており、人が価値を置くもの、つまりその人の善の構想に従って福祉を定義している。彼はここでは主体性を善の構想に基づいて定義しており、このような追加の概念を導入する必要性はまったく不可解である。彼がより狭い福祉の概念に後退し、広い福祉の概念によって行った仕事をするために主体性を必要とすることを示唆している。この区別をどのように理解すればよいのだろうか。

まず、主体性の自由は、目標を追求する自由だけでなく、目標を追求しない自由も含まれるため、より広いと推測される（つまり、人々は自分が価値を置くこと、たとえば健康な生活を送ることを強制され、そうしない機会を奪われるような父権主義的な政策の庇護のもとでは、福祉の自由は持てても主体性の自由は持てないだろう）。しかし、センは、そうしない自由が福祉の自由の要素であることをすでに明らかにしている。そうすると、主体性の自由は、人の個人的生活や個人としての状況とは関係のない忠義や目標を追求する自由を含むため、より広いと推測される。しかし、主体性の自由はその人の「善の構想」に関わるもので、まさにその意味で個人的なものである、とセンは主張する。それは、善を目指すうえでその人が価値を置くすべてのものに関わる。福祉の自由は、最初に定義されたように、より狭いものなのだろうか？　そうではないように見える。というのも、主体はすべての機能を考慮し、それらを評価するように求められるからである。センは、主体性の自由を、人の善の構想とは完全に無関係のものを追求する自由とは関連付けていない（かつてそうしたかもしれないが）。したがって、センによれば、一日中草の葉を引き抜く自由は、その機能に重要性をまったく認めない人にとって、その人の福祉の自由とも、主体性の自由とも無関係である。対照的に、ある人が草を引き抜くことに価値を置いているならば、その機能を選択する機会は、その人の主体性の自由と福祉の自由の両方に関連することになる。

私の結論は、この区別は曖昧であり、センのように（十分な根拠に基づいて）功利主義的な福祉の概念を否定している者にとっては役に立たないということである。この区別は、センの非功利主義的プロジェクトにおける功利主義の名残である。

私自身の自由の概念とセンのものとの比較は複雑である。私のものは政治的な構想であり、福祉と主体性の両方を包括的に捉えた構想ではないからだ。そのため、政治的構想には含まれない人々の包括的な善の構想の部分を追求する自由については、何も述べていない。政治的構想は、善についてのさまざまな構想を追求する人々の能力に大きな影響を与えるケイパビリティをたしかに評価する。健康、身体の不可侵性、実践理性、宗教的自由などのケイパビリティは、さまざまな人生計画を追求するうえで価値があるからこそリストに載っているのである。しかし、このリストは、すべての善の構想に含まれるすべての要素を追求するためのすべての自由について立場を表明するものではなく、すべての市民にそうした要素を追求する機会を保証するものでもない。たとえば、善の構想には、高価な資源を必要とするものがあり、そのため根本的な問題で国民を保護する国家の能力が損なわれることがある。

しかし、政治的構想が立場を表明する場合、ケイパビリティは福祉の部分的政治的構想を追求するための自由として評価される。そして私は、欲求や精神状態に基づく概念よりも、ケイパビリティに基づく福祉の概念を支持するセンの議論に完全に同意する。ただし、私のケイパビリティの使い方は包括的というより政治的なものである。しかし、評価されるのは、行うか行わないかの自由であるから、主体性はすっかり織り込まれている。今のところ、十分に洗練された福祉の概念があれば、主体性の自由と福祉の自由を区別する必要はないというのが私の結論である。

謝　辞

本書のアイデアは、私が長年取り組んできたケイパビリティ・アプローチの研究から生まれたものである。そのため、この研究全般にコメントや提案をしてくれたすべての人に本当に感謝している。しかし、このアプローチを紹介するために一般読者向けに短い本を書こうと考えたのは、二〇〇八年九月にインドのニューデリーで開催されたＨＤＣＡの年次総会がきっかけであった。そこでは、ＨＤＣＡに初めて参加する人たちに、このアプローチの発展、種類、課題などを紹介するため、総会前に講義を行った。その後で多くの人から「今ここで話されたことをただ座って文章にしてくれたら、私たちが他の人に教えるときや一般の人たちとの関係にとても役立つのに」と言われた。以前にもそのような要望があったが、今回は自分が応じる責任を認めざるをえなかった。そのような問題提起をしてくれたすべての人に感謝している。また、いつものように、ビナ・アガルワル、サビーナ・アルカイア、カウシック・バスー、デヴィッド・クロッカー、エンリカ・キアペロ・マルティネッティ、フラビオ・コミム、後藤玲子、モザファ・キジルバシュ、ヘンリー・リチャードソン、イングリッド・ロビンス、その他の学会の「働き蜂」グループや輪番制の執行委員会のメンバーのすばらしい努力と成果にも感謝している。おかげで、私たちの行っている研究を世界の人々やより若い研究者に見てもらうことができている。これは情熱的な献身以外の何ものでもない。彼らの仕事に対する感謝の気持ちから、私は彼らが望む本を書く義務があると考え、役に立つものを作れたと思っている。私の仕事に寛大に関わってくれたシカゴ大学ロースクールの同僚たちにも同様に感謝している。とくに、ダニエル・アベベ、エミリー・バス、ロザリンド・ディクソン、メアリー・アン・フランクス、トム・ギンスバーグ、アダム・ホセイン、ジェイ・リー、ソール・レヴモア、リチャード・マクアダムス、エリック・ポズナー、リオール・ストラヒレヴィッツ、ジュリー・サック、デヴィッド・ワイスバッハからは、草稿への有益なコメントを頂いた。ヘンリー・リチャードソンは、ハーヴァード大学出版局に寄せられたいくつかのすばらしいコメントの著者であることを自ら私に知らせてくれた。また、デヴィッド・クロッカーも同様に、価値あるコメントを寄せてくれた。彼らと匿名の一読者にはとくに感謝している。もちろん、アマルティア・センへの感謝は根源的なものだが、それは本書を通じて自明であるため、これ以上言う必要はないだろう。

訳者あとがき

本書は、Martha Nussbaum, *Creating Capabilities: The Human Development Approach* (Harvard University Press, 2011) の全訳である。謝辞で説明されているように、本書は、学生や若手研究者向けにケイパビリティ・アプローチを平易に解説したヌスバウムの講義に基づいている。

＊

著者のマーサ・クレイヴン・ヌスバウムは、一九四七年生まれのアメリカ人哲学者・古典学者で、現在、シカゴ大学のエルンスト・フロインド法学・倫理学特別功労教授である。研究分野は、西洋古典学、古代ギリシア・ローマ哲学、政治哲学、倫理学、国際開発論、フェミニズム、動物の権利論など、多岐にわたっている。略歴は以下の通りである。

略歴

一九四七年　米国ニューヨーク生まれ
一九七五年　ハーヴァード大学博士（西洋古典文献学）
一九八〇〜一九八三年　ハーヴァード大学哲学・古典学准教授
一九八四〜一九八五年　ブラウン大学哲学・古典学准教授
一九八五〜一九八九年　ブラウン大学哲学・古典学・比較文学教授
一九八七〜一九九三年　国連大学世界開発経済研究所 リサーチ・アドバイザー
一九八九〜一九九五年　ブラウン大学ユニバーシティ・プロフェッサー、哲学・古典学・比較文学教授
一九九五〜一九九六年　シカゴ大学法学・倫理学教授
一九九六〜一九九八年　シカゴ大学エルンスト・フロインド法学・倫理学教授
一九九九年〜　シカゴ大学エルンスト・フロインド法学・倫理学特別功労教授

ヌスバウムの業績は膨大であり、ケイパビリティ・アプローチに関連するものについては、本書の参考文献リストを参照してほしい。ヌスバウムは、二〇一二年にアストゥリアス皇太子賞（社会科学部門）、二〇一六年に京都賞（思想・芸術部門）、二〇一八年にバーグルエン賞、二〇二一年にホルベア賞、二〇二二年にバルザン賞を受賞しており、彼女の業績は世界的に認められている。

*

通常、ケイパビリティ・アプローチの起源は、経済学者・哲学者のアマルティア・センが一九七九年に行ったタナー講義「何の平等か?」にさかのぼると言われている。平等を重んじる人は、(所得やGDP、富、効用、幸福度、必要、基本財、権利などの多くの可能性があるなかで)いったい何の平等に着目すべきか、ということがこの講義のテーマであった。この文脈において、センは「基本的ケイパビリティ」という概念を導入し、その平等をひとつの案として提示した。

他方、ヌスバウムは、一九八七年から九三年まで、ヘルシンキにある世界開発経済研究所(WIDER、国連大学の一部)でアドバイザーを務めた。ヌスバウムとセンはここで共同研究を進め、その成果として後に出版された共編著 *The Quality of Life* (Clarendon Press, 1993) では、生活の質や生き方の善さを評価するアプローチとして、ケイパビリティ・アプローチを採用している。二人は、ヌスバウムがアリストテレス研究で追究してきた概念と、センがそれまでの数年間、経済学の分野で追究してきた概念がよく似ていることに気がついたという。

それ以降、ヌスバウムとセンは、このアプローチの大まかな枠組みを共有しながら、それぞれが独自の使途や強調点を維持してきた。二人のアプローチの違いは、本書で述べられている通りである。センはこのアプローチを主に人の福祉(福利、「豊かさ」、ウェルビーイング)や自由の評価・比較に用いるのに対して、ヌスバウムはより踏み込んで、一〇の「中心的ケイパビリティ」のリストを提示し（本書の第2章）、その最低水準（閾値）を社会のすべての人に保障するという独自の正議論を展開する。二人の違いは両者の学問的背景を反映しており、センが経済学の伝統的手法と対峙させる形でケイパビリティ・アプローチを発展させていったのに対し、ヌスバウムの議論はストア派の哲学にさかのぼることもあれば、インドでのフィールドワークの成果やアメリカにおける判例分析を参照し、最新の著書では動物の正義の問題にケイパビリティ・アプローチを適用することを試みている。

日本語版への序文でヌスバウム本人が強調するように、ケイパビリティ・アプローチは開かれたものであって、唯一正しい「決定版」が存在するようなものではない。センとヌスバウムの違いも、どちらがより正しいか、より優れているか、というように二者択一を迫るのではなく、取り組む問題や状況に応じて、柔軟に、補完的に利用すべきものであろう。

*

本書を読んで、ケイパビリティ・アプローチについて、またはヌスバウムやセンの研究について、より深く知りたいと思われる読者のために、日本語で読める著書を中心に、厳選して紹介する。

ヌスバウムの著書

『女性と人間開発——潜在能力アプローチ』(池本幸生・田口さつき・坪井ひろみ訳、岩波書店、二〇〇五年)
ケイパビリティ・アプローチを用いて途上国の女性の生き方を論じる。
『クオリティー・オブ・ライフ——豊かさの本質とは』(センと共編、竹友安彦監修、里文出版、二〇〇六年)
上記WIDERにおける共同研究の成果。ただし、訳書は抄訳である。
『良心の自由——アメリカの宗教的平等の伝統』(河野哲也監訳、慶應義塾大学出版会、二〇一一年)
多くの判例を参照し、良心の自由、宗教の自由が平等に保障されることの重要性を説く。
『正義のフロンティア——障碍者・外国人・動物という境界を越えて』(神島裕子訳、法政大学出版局、二〇一二年)
ケイパビリティ・アプローチを援用してロールズの正義論の射程を拡大する試み。
『経済成長がすべてか?——デモクラシーが人文学を必要とする理由』(小沢自然・小野正嗣訳、岩波書店、二〇一三年)

人文学や芸術・教養教育が民主主義社会の基礎として重要であることを擁護する。

センの著書

『福祉の経済学——財と潜在能力』（鈴村興太郎訳、岩波書店、一九八八年）

センが機能と潜在能力（ケイパビリティ）の概念を体系的に提示した小著。基本文献。

『不平等の再検討——潜在能力と自由』（池本幸生・野上裕生・佐藤仁訳、岩波書店、一九九九年）

不平等と自由を論じる文脈でセンのケイパビリティ・アプローチを詳細に解説している。

『正義のアイデア』（池本幸生訳、明石書店、二〇一一年）

理想的な正義の追究よりも現実の明白な不正義の除去を重視し、そのための方法を示した。

『生活の豊かさをどう捉えるか——生活水準をめぐる経済学と哲学の対話』（ジェフリー・ホーソン編の共著、玉手慎太郎・児島博紀訳、晃洋書房、二〇二一年）

生活水準の評価に関するセンの講演が中心。本書と補完的で、訳者解説が親切である。

『集団的選択と社会厚生（拡大新版）』（鈴村興太郎・蓼沼宏一・後藤玲子監訳、勁草書房、近刊）
センの厚生経済学・社会的選択理論における主著の新版（原書は二〇一七年、旧版は一九七〇年刊行）。

その他の著書

ジョン・ロールズ『正義論 改訂版』（川本隆史・福間聡・神島裕子訳、紀伊國屋書店、二〇一〇年）
ヌスバウムとセンの両者に大きな学問的影響を与えたジョン・ロールズの主著（改訂版）。

神島裕子『マーサ・ヌスバウム——人間性涵養の哲学』（中央公論新社、二〇一三年）
ヌスバウム自身と彼女の研究の歩みについて、より広く、深く知りたい人に。

ダイアン・コイル『GDP——〈小さくて大きな数字〉の歴史』（高橋璃子訳、みすず書房、二〇一五年）
GDPとはそもそも何なのか、何でないのか、その歴史と現状、長所と限界を教えてくれる好著。

後藤玲子『潜在能力アプローチ——倫理と経済』（岩波書店、二〇一七年）

現代経済学の枠組みを用いながらケイパビリティ・アプローチの政策的応用に取り組んだ研究書。

マーク・フローベイ『社会厚生の測り方』（坂本徳仁訳、日本評論社、二〇二三年）

GDPを超えて豊かさを評価・測定するための有望な複数の方法を手際よく紹介している。

英語

The Cambridge Handbook of the Capability Approach, edited by E. Chiappero-Martinetti, S. Osmani, and M. Qizilbash, Cambridge University Press, 2020.

ケイパビリティ・アプローチの理論・応用研究の深化と拡大を概観できる辞書的ハンドブック。

＊

訳者のひとり（栗林）が原著の翻訳を思い立ったきっかけは、二〇一六年に一橋大学で開催されたHDCA学会の事務局を担当し、基調講演者としてヌスバウム教授とセン教授を国立市のキャンパスに招聘する機会に恵まれたことであった。ケイパビリティ・アプローチについては、セン教授の初期の基本書が故・鈴村興太郎教授によって翻訳されていたが、理論・応用（実証）研究が進むなかで、このアプローチ自体を日本語で平易に解説する入門書がないことを残念に思っていた。偶然にも、別の翻訳でお世話になっていた勁草書房の上原正信さんが、本書を日本の読者に紹介する意義を理解してくださり、翻訳が始まった。さまざまな事情から作業は停滞したが、幸いにも、ヌスバウム『女性と人間開発』やセン『正義のアイデア』などの翻訳を手がけられた池本幸生教授が、協力を快諾してくださった。下訳を全面的にチェックする労をとって頂いたことに感謝したい。また、数多くの有益なコメントを頂いた篠塚雅也さんと専門用語について貴重な助言を頂いた村瀬泰菜さんにお礼を申し上げる。なお、邦題は出版社によるものであることを付記しておく。最後に、編集者の上原正信さんは、企画の相談に始まり、途中で翻訳作業が進まずにご迷惑をおかけしてしまった期間も含め、辛抱強くサポートしてくださった。感謝したい。

二〇二四年九月三〇日

訳者のひとりとして　栗林寛幸

●著者紹介

マーサ・ヌスバウム（Martha C. Nussbaum）
シカゴ大学エルンスト・フロインド法学・倫理学特別功労教授。ハーヴァード大学で博士号（西洋古典文献学）を取得した後、ブラウン大学教授などを経て現在にいたる。この間、本書で展開しているケイパビリティ・アプローチの研究を含め、正義論やフェミニズム、国際開発論、教育論などでも顕著な業績を残し、2016年に京都賞を受賞。ほかにも2012年にアストゥリアス皇太子賞、2018年にバーグルエン賞などを受賞している。著書に『女性と人間開発』（岩波書店、2005年）、『経済成長がすべてか？』（岩波書店、2013年）、『正義のフロンティア』（法政大学出版局、2012年）、『良心の自由』（慶應義塾大学出版会、2011年）など。

●訳者紹介

栗林 寛幸（くりばやし ひろゆき）
東京大学特任研究員。東京大学教養学部を卒業（国際関係論）。ケンブリッジ大学大学院修士課程を修了（経済学）。訳書にケン・ビンモア『正義のゲーム理論的基礎』（NTT出版、2015年）、マイケル・マーモット『健康格差』（日本評論社、2017年、監訳）、ピーター・テミン『なぜ中間層は没落したのか』（慶應義塾大学出版会、2020年）、ポール・コリアー、ジョン・ケイ『強欲資本主義は死んだ』（勁草書房、2023年）など。

池本 幸生（いけもと ゆきお）
東京大学名誉教授。京都大学経済学部を卒業後、アジア経済研究所に入所。その後、京都大学東南アジア研究センター助教授、東京大学東洋文化研究所教授などを歴任。京都大学より博士（経済学）を取得。共著に『コーヒーで読み解くSDGs』（ポプラ社、2021年）、共編著に『連帯経済とソーシャル・ビジネス』（明石書店、2015年）、訳書にポール・コリアー、ジョン・ケイ『強欲資本主義は死んだ』（勁草書房、2023年）、マーサ・ヌスバウム『女性と人間開発』（岩波書店、2005年）、アマルティア・セン『正義のアイデア』（明石書店、2011年）など。

索　引

ア　行

カ　行

サ　行

タ　行

ナ 行

ハ 行

マ 行

ヤ 行

ラ 行

ワ 行

参考文献

Ⅰ．マーサ・ヌスバウム（Martha Nussbaum）の研究

このリストは厳選されたもので、各章の議論に関連する研究のみを含む。

単著

1．*Cultivating Humanity: A Classical Defense of Reform in Liberal Education*. Cambridge, MA: Harvard University Press, 1997.

2．*Sex and Social Justice*. Oxford: Oxford University Press, 1999.

3．*Women and Human Development: The Capabilities Approach*. New York: Cambridge University Press, 2000.（池本幸生・田口さつき・坪井ひろみ訳『女性と人間開発——潜在能力アプローチ』岩波書店、2005年）

4．*Upheavals of Thought: The Intelligence of Emotions*. Cambridge: Cambridge University Press, 2001.

5．*Hiding from Humanity: Disgust, Shame, and the Law*. Princeton: Princeton University Press, 2004.（河野哲也監訳『感情と法——現代アメリカ社会の政治的リベラリズム』慶應義塾大学出版会、2010年）

6．*Frontiers of Justice: Disability, Nationality, Species Membership*. Cambridge, MA: Harvard University Press, 2006.（神島裕子訳『正義のフロンティア——障碍者・外国人・動物という境界を越えて』法政大学出版局、2012年）

7．*The Clash Within: Democracy, Religious Violence, and India's Future*. Cambridge, MA: Harvard University Press, 2007.

8．*Liberty of Conscience: In Defense of America's Tradition of Religious Equality*. New York: Basic Books, 2008.（河野哲也監訳『良心の自由——アメリカの宗教的平等の伝統』慶應義塾大学出版会、2011年）

9. *From Disgust to Humanity: Sexual Orientation and Constitutional Law*. New York: Oxford University Press, 2010.
10. *Not For Profit: Why Democracy Needs the Humanities*. Princeton: Princeton University Press, 2010.（小沢自然・小野正嗣訳『経済成長がすべてか？　――デモクラシーが人文学を必要とする理由』、岩波書店、2013年）

〔訳者注：以下は原著刊行後の新しい単著〕

The New Religious Intolerance: Overcoming the Politics of Fear in an Anxious Age, Harvard University Press, 2012.

Political Emotions: Why Love Matters for Justice, Harvard University Press, 2013.

Anger and Forgiveness: Resentment, Generosity, Justice, Oxford University Press, 2016.

Aging Thoughtfully (with Saul Levmore), Oxford University Press, New York, 2017.

The Monarchy of Fear: A Philosopher Looks at Our Political Crisis. Simon and Schuster, 2018.

The Cosmopolitan Tradition: A Noble but Flawed Ideal, Harvard University Press, 2019.

Citadels of Pride: Sexual Abuse, Accountability, and Reconciliation, Norton, 2021.

Justice for Animals: Our Collective Responsibility, Simon and Schuster, 2023.

編著

11. (with Amartya Sen) *The Quality of Life*. Oxford: Clarendon Press, 1993.（竹友安彦監修（抄訳）『クオリティー・オブ・ライフ――豊かさの本質とは』里文出版、2006年）
12. (with Jonathan Glover) *Women, Culture, and Development*. Oxford: Clarendon Press, 1995.
13. (with Joshua Cohen) *Is Multiculturalism Good for Women?* Princeton: Princeton University Press, 1999.

14. (with Cass Sunstein) *Animal Rights: Current Debates, New Directions.* New York: Oxford University Press, 2004.
15. (with Wendy Doniger) *India: Implementing Pluralism and Democracy.* New York: Oxford University Press, forthcoming.
16. (with Saul Levmore) *The Offensive Internet: Speech, Privacy, and Reputation.* Cambridge, MA: Harvard University Press, forthcoming.
17. (with Zoya Hasan) *Affirmative Action in Higher Education* (tentative title), in preparation.

論文

18. "Nature, Function, and Capability: Aristotle on Political Distribution." In *Oxford Studies in Ancient Philosophy,* supp. vol. 1, 145–184. New York: Oxford University Press, 1988. Reprinted in *Marx and Aristotle,* ed. G. McCarthy, 175–212. Savage, MD: Rowman and Littlefield, 1992.
19. "Non-Relative Virtues: An Aristotelian Approach." *Midwest Studies in Philosophy* 13 (1988): 32–53. Expanded version in Nussbaum and Sen, *The Quality of Life,* 242–269.
20. (with Amartya Sen) "Internal Criticism and Indian Rationalist Traditions." In *Relativism: Interpretation and Confrontation,* ed. M. Krausz, 299–325. Notre Dame, IN: University of Notre Dame Press, 1989.
21. "Aristotelian Social Democracy." In *Liberalism and the Good,* ed. R. B. Douglass, G. Mara, and H. Richardson, 203–252. New York: Routledge, 1990. Reprinted in *Aristotle and Modern Politics,* ed. A. Tessitore, 47–104. Notre Dame, IN: University of Notre Dame Press, 2002.
22. "Human Functioning and Social Justice: In Defense of Aristotelian Essentialism." *Political Theory* 20 (1992): 202–246. Shorter version published as "Social Justice and Universalism: In Defense of an Aristotelian Account of Human Functioning." *Modern Philology* 90 (1993): supp., S46-S73. German version published as "Menschliches Handeln und soziale Gerechtigkeit." In *Gemeinschaft und Gerechtigkeit,* ed. H. Brunkhorst and M. Brumlik. Frankfurt: Fischer

Taschenbuch, 1993.

23. "Tragedy and Self-Sufficiency: Plato and Aristotle on Fear and Pity." In *Oxford Studies in Ancient Philosophy* 10 (1992): 107–160. A shorter version is in *Essays on Aristotle's Poetics*, ed. A. Rorty, 261–290. Princeton: Princeton University Press, 1992.
24. "Equity and Mercy." *Philosophy and Public Affairs* 22 (1993): 83–125. Reprinted in *Punishment: A Philosophy and Public Affairs Reader*, ed. A. John Simmons et al., 145–187. Princeton University Press, 1995. Also reprinted in *Punishment and Rehabilitation*, ed. Jeffrie Murphy, 212–248. Belmont, CA: Wadsworth, 1995; and in *Literature and Legal Problem Solving*, ed. Paul Heald, 15–54. Durham, N.C.: Carolina Academic Press, 1998.
25. "Human Capabilities, Female Human Beings." In Nussbaum and Glover, *Women, Culture, and Development*, 61–104.
26. "Emotions and Women's Capabilities." In Nussbaum and Glover, *Women, Culture, and Development*, 360–395.
27. "Aristotle on Human Nature and the Foundations of Ethics." In *World, Mind, and Ethics: Essays on the Philosophy of Bernard Williams*, ed. J. E. G. Altham and Ross Harrison, 86–131. Cambridge: Cambridge University Press, 1995.
28. "Objectification." *Philosophy and Public Affairs* 24 (1995): 249–291. Reprinted in *The Philosophy of Sex*, ed. Alan Soble, 3rd ed. Lanham, MD: Rowman and Littlefield, 1997. (Also in Nussbaum, *Sex and Social Justice*.)
29. "The Feminist Critique of Liberalism." In *Women's Voices, Women's Rights: Oxford Amnesty Lectures 1996*, ed. Alison Jeffries. Boulder, CO: Westview, 1999. Also published in pamphlet form as the Lindley Lecture for 1997, University of Kansas Press. (Also in Nussbaum, *Sex and Social Justice*.)
30. "Religion and Women's Human Rights." In *Religion and Contemporary Liberalism*, ed. Paul Weithman, 93–137. Notre Dame, IN: Notre Dame University Press, 1997. (Also in Nussbaum, *Sex and Social Justice*.)

31. "Kant and Stoic Cosmopolitanism." *Journal of Political Philosophy* 5 (1997): 1–25. Also as "Kant und stoisches Weltburgertum." In *Friedendurch Recht: Kants Friedensidee und das Problem einer neuen Weltordnung*, ed. Matthias Lutz-Bachmann and James Bohman, 45–75. Frankfurt: Suhrkamp, 1996. Also in *Perpetual Peace*, ed. James Bohman and Matthias Lutz-Bachmann, 25–58. Cambridge, MA: MIT Press, 1997.
32. "The Good as Discipline, the Good as Freedom." In *Ethics of Consumption: The Good Life, Justice, and Global Stewardship*, ed. David A. Crocker and Toby Linden, 312–341. Lanham, MD: Rowman and Littlefield, 1998.
33. "Flawed Foundations: The Philosophical Critique of (a particular type of) Economics." *University of Chicago Law Review* 64 (1997): 1197–1214.
34. "Capabilities and Human Rights." *Fordham Law Review* 66 (1997): 273–300. A revised version is in *Global Justice, Transnational Politics*, ed. Pablo De Greiff and Ciaran Cronin, 117–150. Cambridge, MA: MIT Press, 2002.
35. "Public Philosophy and International Feminism." *Ethics* 108 (1998): 762–796.
36. "Virtue Ethics: A Misleading Category?" *Journal of Ethics* 3 (1999): 163–201.
37. "Duties of Justice, Duties of Material Aid: Cicero's Problematic Legacy." *Journal of Political Philosophy* 7 (1999): 1–31. Revised version in *Stoicism: Traditions and Transformations*, ed. S. Strange and J. Zupko, 214–249. Cambridge: Cambridge University Press, 2004.
38. "A Plea for Difficulty." In *Is Multiculturalism Bad for Women?* ed. J. Cohen, M. Howard, and M. Nussbaum, 105–114. Princeton: Princeton University Press, 1999.
39. "Women and Equality: The Capabilities Approach." *International Labour Review* 138 (1999): 227–245. Reprinted in *Women, Gender and Work*, ed. Martha Fetherolf Loutfi, 45–68. Geneva: International

Labour Office, 2001.

40. "Religion and Women's Equality: The Case of India." In *Obligations of Citizenship and Demands of Faith*, ed. Nancy Rosenblum, 335–402. Princeton: Princeton University Press, 2000.
41. "Is Privacy Bad for Women? What the Indian Constitutional Tradition Can Teach Us about Sex Equality." *The Boston Review* 25 (April/May 2000): 42–47.
42. "Aristotle, Politics, and Human Capabilities: A Response to Antony, Arneson, Charlesworth, and Mulgan." *Ethics* 111 (2000): 102–140.
43. "The Costs of Tragedy: Some Moral Limits of Cost-Benefit Analysis." *Journal of Legal Studies* 29 (2000): 1005–1036. Reprinted in *Cost-Benefit Analysis: Legal, Economic and Philosophical Perspectives*, ed. Matthew D. Adler and Eric A. Posner, 169–200. Chicago: University of Chicago Press, 2000.
44. "The Future of Feminist Liberalism." Presidential Address delivered to the Central Division of the American Philosophical Association, *Proceedings and Addresses of the American Philosophical Association* 74 (2000): 47–79. Reprinted in *The Subject of Care: Feminist Perspectives on Dependency*, ed. Eva Kittay and Ellen K. Feder, 186–214. Lanham, MD: Rowman and Littlefield, 2002. Also reprinted in *Setting the Moral Compass: Essays by Women Philosophers*, ed. Cheshire Calhoun, 72–90. New York: Oxford University Press, 2004.
45. "India: Implementing Sex Equality through Law." *Chicago Journal of International Law* 2 (2001): 35–58.
46. "Political Objectivity." *New Literary History* 32 (2001): 883–906.
47. "Sex, Laws, and Inequality: What India Can Teach the United States." *Daedalus*, Winter 2002, 95–106.
48. "The Worth of Human Dignity: Two Tensions in Stoic Cosmopolitanism." In *Philosophy and Power in the Graeco-Roman World: Essays in Honour of Miriam Griffin*, ed. G. Clark and T. Rajak, 31–49. Oxford: Clarendon Press, 2002.
49. "Aristotelische Sozialdemokratie: Die Verteidigung universaler Werte

in einer pluralistischen Welt." In *Fur eine aristotelische Sozialdemokratie*, ed. Julian Nida-Rumelin and Wolfgang Thierse, 17–40. A publication of the Kulturforum of the SDP. Essen: Klartext Verlag, 2002. Reprinted as "Aristotelian Social Democracy: Defending Universal Values in a Pluralistic World." *Internationale Zeitschrift fur Philosophie* (2003): 115–129.

50. "Rawls and Feminism." In *The Cambridge Companion to Rawls*, ed. Samuel Freeman, 488–520. Cambridge: Cambridge University Press, 2003. Spanish translation in *Estudos Publicos* 103 (2006): 359–394.
51. "Women and the Law of Peoples." Symposium on John Rawls's *The Law of Peoples: Politics, Philosophy, and Economics* 1 (2002): 283–306.
52. "Sex Equality, Liberty, and Privacy: A Comparative Approach to the Feminist Critique." In *India's Living Constitution: Ideas, Practices, Controversies*, ed. E. Sridharan, Z. Hasan, and R. Sudarshan, 242–283. New Delhi: Permanent Black, 2002. A shortened version is published under the title "What's Privacy Got to Do with It? A Comparative Approach to the Feminist Critique." In *Women and the United States Constitution: History, Interpretation, Practice*, ed. Sibyl A. Schwarzenbach and Patricia Smith, 153–175. New York: Columbia University Press, 2003.
53. "Compassion and Terror." *Daedalus*, Winter 2003, 10–26. A slightly different version, same title, is in *Terrorism and International Justice*, ed. James Sterba, 229–252. New York: Oxford University Press, 2003.
54. "Women's Capabilities and Social Justice." In *Gender Justice, Development, and Rights*, ed. Maxine Molyneux and Shahra Razavi, 45–77. Oxford: Oxford University Press, 2002.
55. "Capabilities as Fundamental Entitlements: Sen and Social Justice." *Feminist Economics* 9 (2003): 33–59. Reprinted in *Amartya Sen's Work and Ideas: A Gender Perspective*, ed. Bina Agarwal, Jane Humphries, and Ingrid Robeyns, 35–62. Oxford: Routledge, 2005. Also reprinted in India in *Capabilities, Freedom, and Equality: Amartya Sen's Work from a Gender Perspective*, same editors, 39–69. Delhi: Oxford

University Press, 2006. A related shorter version is published as "Poverty and Human Functioning: Capabilities as Fundamental Entitlements." In *Poverty and Inequality*, ed. David B. Grusky and Ravi Kanbur, 47–75. Stanford, CA: Stanford University Press, 2006. A related longer version is published as "Constitutions and Capabilities." In *Democracy in a Global World*, ed. Deen K. Chatterjee, 111–144. Lanham, MD: Rowman and Littlefield, 2008. Reprinted in *The Global Justice Reader*, ed. Thom Brooks, 598–614. Malden, MA: Blackwell, 2008.

56. "Promoting Women's Capabilities." In *Global Tensions*, ed. Lourdes Benaria and Savitri Bisnath, 241–256. New York: Routledge, 2004.
57. "The Modesty of Mrs. Bajaj: India's Problematic Route to Sexual Harassment Law." In *Directions in Sexual Harassment Law*, ed. Catharine A. MacKinnon and Reva B. Siegel, 633–671. New Haven: Yale University Press, 2004.
58. "Gender and Governance: An Introduction." In *Essays on Gender and Governance*, ed. Martha Nussbaum, Amrita Basu, Yasmin Tambiah, and Niraja Gopal Jayal, 1–19. New Delhi: United Nations Development Programme Resource Centre, 2003.
59. "Women's Education: A Global Challenge." *Signs* 29 (2004): 325–355. Reprinted in *Women and Citizenship*, ed. Marilyn Friedman, 188–213. New York: Oxford University Press, 2005.
60. "Capabilities and Disabilities: Justice for Mentally Disabled Citizens." *Philosophical Topics* 30 (2002): 133–165.
61. "Beyond 'Compassion and Humanity': Justice for Non-Human Animals." In *Animal Rights: Current Debates and New Directions*, ed. Cass R. Sunstein and Martha C. Nussbaum, 299–320. New York: Oxford University Press, 2004.
62. "Women and Theories of Global Justice: Our Need for New Paradigms." In *The Ethics of Assistance: Morality and the Distant Needy*, ed. Deen Chatterjee, 147–176. Cambridge: Cambridge University Press, 2004.

63. "On Hearing Women's Voices: A Reply to Susan Okin." *Philosophy and Public Affairs* 32 (2004): 193–205.
64. "'On Equal Condition': Constitutions as Protectors of the Vulnerable." In *Will Secular India Survive?* ed. Mushirul Hasan and Hasan Saroor, 22–49. New Delhi: ImprintOne, 2004.
65. "Mill between Bentham and Aristotle." *Daedalus*, Spring 2004, 60–68. Reprinted in *Economics and Happiness*, ed. Luigino Bruni and Pier Luigi Porta, 170–183. Oxford: Oxford University Press, 2005.
66. "Body of the Nation: Why Women Were Mutilated in Gujarat." *The Boston Review* 29 (2004): 33–38. A slightly different version published as "Rape and Murder in Gujarat: Violence against Muslim Women in the Struggle for Hindu Supremacy." In *'Holy War' and Gender, 'Gotteskrieg' und Geschlecht*, ed. Christina von Braun, Ulrike Brunotte, Gabriele Dietze, Daniela Hrzan, Gabriele Jahnert, and Dagmar Pruin, 121-142. *Berliner Gender Studies*, vol. 2. Munster: Transaction, 2006.
67. "Beyond the Social Contract: Toward Global Justice." *The Tanner Lectures on Human Values* 24: 413–508. Salt Lake City: University of Utah Press, 2004.
68. "India, Sex Equality, and Constitutional Law." In *Constituting Women: The Gender of Constitutional Jurisprudence*, ed. Beverly Baines and Ruth Rubio-Marin, 174–204. Cambridge: Cambridge University Press, 2004.
69. "Women's Bodies: Violence, Security, Capabilities." *Journal of Human Development* 6 (2005): 167–183.
70. "Wellbeing, Contracts and Capabilities." In *Rethinking Wellbeing*, ed. Lenore Manderson, 27–44. Perth, Australia: API Network, 2005.
71. "Religion, Culture, and Sex Equality" (paper overlapping with chapter 3 of *Women and Human Development*, published after delay of some years). In *Men's Laws, Women's Lives: A Constitutional Perspective on Religion, Common Law and Culture in South Asia*, ed. Indira Jaising, 109–137. Delhi: Women Unlimited, 2005.
72. "Education and Democratic Citizenship: Beyond the Textbook

Controversy." In *Islam and the Modern Age* (New Delhi) 35 (2005): 69–89. A slightly different version is published as "Freedom from Dead Habit." *The Little Magazine* (New Delhi) 6 (2005): 18–32.

73. "The Comic Soul: Or, This Phallus that Is Not One." In *The Soul of Tragedy: Essays on Athenian Drama*, ed. Victoria Pedrick and Steven M. Oberhelman, 155–180. Chicago: University of Chicago Press, 2005.
74. "Education and Democratic Citizenship: Capabilities and Quality Education." *Journal of Human Development* 7 (2006): 385–395.
75. "Radical Evil in the Lockean State: The Neglect of the Political Emotions." *Journal of Moral Philosophy* 3 (2006): 159–178. A longer version is "Radical Evil in Liberal Democracies." In *Democracy and the New Religious Pluralism*, ed. Thomas Banchoff, 171–202. New York: Oxford University Press, 2007.
76. "Liberty of Conscience: The Attack on Equal Respect." *Journal of Human Development* 8 (2007): 337–358.
77. "The Capabilities Approach and Ethical Cosmopolitanism: A Response to Noah Feldman." *Yale Law Journal: The Pocket Part*, October 30, 2007, http://thepocketpart.org/2007/10/30/nussbaum.html.
78. "Constitutions and Capabilities: 'Perception' against Lofty Formalism." Supreme Court Foreword, *Harvard Law Review* 121 (2007): 4–97.
79. "Human Dignity and Political Entitlements." In *Human Dignity and Bioethics: Essays Commissioned by the President's Council on Bioethics*, 351–380. Washington, D.C.: President's Council on Bioethics, 2008.
80. "Toward a Globally Sensitive Patriotism." *Daedalus*, Summer 2008, 78–93.
81. "Education for Profit, Education for Freedom." Special lecture 1, Institute for Development Studies Kolkata, printed as pamphlet, March 2008.
82. "The Clash Within: Democracy and the Hindu Right." In *Arguments for a Better World: Essays in Honor of Amartya Sen*, ed. Kaushik Basu and Ravi Kanbur, vol. 2, 503–521. Oxford: Oxford University

Press, 2008. Also published in a slightly different form in *Journal of Human Development* 9 (2008): 357–376.

83. "Who Is the Happy Warrior: Philosophy Poses Questions to Psychology." *Journal of Legal Studies* 37 (2008): 81–114. Reprinted in *Law and Happiness*, ed. Eric A. Posner and Cass R. Sunstein, 81–114. Chicago: University of Chicago Press, 2010.
84. "Land of My Dreams: Islamic Liberalism under Fire in India." *The Boston Review* 34 (2009): 10–14. Reprinted in *The Idea of a University: Jamia Millia Islamia*, ed. Rakhshanda Jalil, 13–28. New Delhi: Aakar, 2009.
85. "Nationalism and Development: Can There Be a Decent Patriotism?" *Indian Journal of Human Development* 2 (2008): 259–278.
86. "Capabilities, Entitlements, Rights: Supplementation and Critique." *Journal of Human Development and Capabilities*, forthcoming.
87. "The Capabilities of People with Cognitive Disabilities." *Metaphilosophy* 40 (2009): 331–351. Reprinted in *Cognitive Disability and Its Challenge to Moral Philosophy*, ed. Eva Kittay and Licia Carlson. Wiley-Blackwell, 2010.
88. "Compassion: Human and Animal." In *Ethics and Humanity: Themes from the Philosophy of Jonathan Glover*, ed. N. Ann Davis, Richard Keshen, and Jeff McMahan, 202–226. New York: Oxford University Press, 2010.
89. "The Capabilities Approach and Animal Entitlements." In *Handbook on Ethics and Animals*, ed. Tom Beauchamp. Oxford: Oxford University Press, forthcoming.
90. "Equality and Love at the End of *The Marriage of Figaro*: Forging Democratic Emotions." *Journal of Human Development and Capabilities* 11 (2010): 397–423.
91. "Abortion, Dignity, and a Capabilities Approach" (with Rosalind Dixon). In *Feminist Constitutionalism*, ed. Beverly Baines, Daphne Barak-Erez, and Tsvi Kahana. Cambridge: Cambridge University Press, forthcoming.

Ⅱ．アマルティア・セン（Amartya Sen）の研究

以下の研究はセンの関連著作から厳選されたごく一部である。

単著

1．*Poverty and Famines: An Essay on Entitlement and Deprivation*. Oxford: Clarendon Press, 1981.（黒崎卓・山崎幸治訳『貧困と飢餓』岩波書店、2000年（岩波現代文庫、2017年））
2．*Choice, Welfare, and Measurement*. Oxford: Clarendon Press, 1982.（Cambridge, Mass.: Harvard University Press, 1997 再刊，大庭健・川本隆史訳『合理的な愚か者――経済学＝倫理学的探究』勁草書房、1989年、抄訳）
3．*Resources, Values, and Development*. Cambridge, MA: Harvard University Press, 1984.
4．*Commodities and Capabilities*. Amsterdam: North-Holland, 1985.（鈴村興太郎訳『福祉の経済学――財と潜在能力』岩波書店、1988年）
5．*The Standard of Living*. Tanner Lectures, 1985, ed. G. Hawthorn, with discussion by others. Cambridge University Press, 1987.（玉手慎太郎・児島博紀訳『生活の豊かさをどう捉えるか――生活水準をめぐる経済学と哲学の対話』晃洋書房、2021年）
6．*On Ethics and Economics*. Oxford: Blackwell, 1987.（徳永澄憲・松本保美・青山治城訳『経済学の再生――道徳哲学への回帰』麗澤大学出版会、2002年（『アマルティア・セン講義　経済学と倫理学』ちくま学芸文庫、2016年））
7．*Inequality Reexamined*. New York and Cambridge, MA: Russell Sage and Harvard University Press, 1992.（池本幸生・野上裕生・佐藤仁訳『不平等の再検討――潜在能力と自由』岩波書店、1999年（岩波現代文庫、2018年））
8．*On Economic Inequality*, expanded ed. Oxford: Clarendon Press, 1996. Originally published in 1973 by Oxford University Press.（杉山武彦訳『不平等の経済理論』日本経済新聞社、1977年、鈴村興太郎・須賀晃一訳『不平等の経済学』東洋経済新報社、2000年）

9. *Development as Freedom*. New York: Knopf, 1999.（石塚雅彦訳『自由と経済開発』日本経済新聞社、2000年）
10. *Rationality and Freedom*. Cambridge, MA: Harvard University Press, 2002.（若松良樹・須賀晃一・後藤玲子監訳『合理性と自由』上・下、勁草書房, 2014年）
11. *The Argumentative Indian*. London: Allen Lane, 2005.（佐藤宏・粟屋利江訳『議論好きなインド人――対話と異端の歴史が紡ぐ多文化世界』明石書店、2008年）
12. *Identity and Violence: The Illusion of Destiny*. New York: W. W. Norton, 2006.（大門毅監訳『アイデンティティと暴力――運命は幻想である』勁草書房，2011年）
13. *The Idea of Justice*. Cambridge, MA: Harvard University Press, 2009.（池本幸生訳『正義のアイデア』明石書店、2011年）

ジャン・ドレーズ（Jean Drèze）との共（編）著

14. *Hunger and Public Action*. Oxford: Clarendon Press, 1989.
15. (eds.) *The Political Economy of Hunger*, 3 vols. Oxford: Clarendon Press, 1990.
16. *India: Economic Development and Social Opportunity*. Oxford and Delhi: Oxford University Press, 1995.
17. (eds.) *Indian Development: Selected Regional Perspectives*. Oxford and Delhi: Oxford University Press, 1996.
18. *India: Development and Participation*. Oxford and Delhi: Oxford University Press, 2002. (A new edition of Sen 16, but with much added material.)

バーナード・ウィリアムズ（Bernard Williams）との共編著

19. (eds.) *Utilitarianism and Beyond*. Cambridge: Cambridge University Press, 1982.（後藤玲子監訳『功利主義をのりこえて――経済学と哲学の倫理』ミネルヴァ書房、2019年）

論文

20. "Behaviour and the Concept of a Preference." *Economica* 40 (1973): 241–259. (Also in Sen 2.)
21. "Rational Fools: A Critique of the Behavioural Foundations of Economic Theory." *Philosophy and Public Affairs* 6 (1977): 317–344. Widely anthologized. (Also in Sen 2.)
22. "Poverty: An Ordinal Approach to Measurement." *Econometrica* 44 (1976): 219–231. (Also in Sen 2.)
23. "Utilitarianism and Welfarism." *Journal of Philosophy* 76 (1979): 463–489.
24. "Equality of What?" In *Tanner Lectures on Human Values*, ed. S. McMurrin. Salt Lake City: University of Utah Press, 1980. (Also in Sen 2.)
25. "Description as Choice." *Oxford Economic Papers* 32 (1980): 353–369. (Also in Sen 2.)
26. "Plural Utility." *Proceedings of the Aristotelian Society* 81 (1980–1981): 193–215.
27. "Rights and Agency." *Philosophy and Public Affairs* 11 (1982): 3–39.
28. "Development: Which Way Now?" *The Economic Journal* 93 (1983): 745–762. (Also in Sen 3.)
29. "Poor, Relatively Speaking." *Oxford Economic Papers* 35 (1983): 153–169. (Also in Sen 3.)
30. "Well-Being, Agency, and Freedom: The Dewey Lectures 1984." *Journal of Philosophy* 82 (1985): 169–221.
31. "The Moral Standing of the Market." *Social Philosophy and Policy* 2 (1985): 1–19.
32. "Women's Survival as a Development Problem." *Bulletin of the American Academy of Arts and Sciences* 43 (1989).
33. "More than 100 Million Women are Missing." *New York Review of Books*, December 20, 1990.
34. "Gender and Cooperative Conflicts." In *Persistent Inequalities*, ed. Irene Tinker. New York: Oxford University Press, 1990.

35. "Internal Consistency of Choice." *Econometrica* 61 (1993): 495–521. (Also in Sen 10.)
36. "Positional Objectivity." *Philosophy and Public Affairs* 22 (1993): 126–145. (Also in Sen 10.)
37. "Markets and Freedoms." *Oxford Economic Papers* 45 (1993): 519–541. (Also in Sen 10.)
38. "Capability and Well-being." In Nussbaum and Sen, *The Quality of Life*.
39. "Population: Delusion and Reality." *New York Review of Books* September 22, 1994.
40. "Gender Inequality and Theories of Justice." In Nussbaum and Glover, *Women, Culture, and Development*, 259–273.
41. "Fertility and Coercion." *University of Chicago Law Review* 63 (1996): 1035–1051.
42. "Human Rights and Asian Values." *The New Republic*, July 14/21, 1997, 33–40.
43. "Indian Traditions and the Western Imagination." *Daedalus*, Spring 1997, 1–26.
44. "The Possibility of Social Choice." Nobel Lecture, *American Economic Review* 89 (1999), 349–378.
45. "The Discipline of Cost-Benefit Analysis." *Journal of Legal Studies* 29 (2000): 931–953. Reprinted in *Cost-Benefit Analysis*, ed. Matthew Adler and Eric Posner. Chicago: University of Chicago Press, 2000.
46. "Consequential Evaluation and Practical Reason." *Journal of Philosophy* 97 (2000): 477–502.
47. "Population and Gender Equity." *The Nation*, July 24, 2000.
48. "The Many Faces of Misogyny." *The New Republic*, September 17, 2001, 35–40.
49. "Elements of a Theory of Human Rights." *Philosophy and Public Affairs* 32 (2004): 315–356.
50. "What Do We Want from a Theory of Justice?" *Journal of Philosophy* 103 (2006): 215–238.

51. “The Place of Capability in a Theory of Justice.” In Brighouse and Robeyns, eds. (III), 239–253.

Ⅲ．ケイパビリティ・アプローチを取り扱った他の研究

関連する多くの他の論文がセンとヌスバウムの共編著に所収されていることに注意。HDCA の年次総会における基調講演および論文の一部が*Journal of Human Development and Capabilities*（2008 年までの呼称は*Journal of Human Development*）に掲載されている。これらのいくつかに言及するが、網羅するものではない。同誌の第 9 号（2008 年）と第 10 号（2009 年）は、2007~2008 年および翌年の時点でのケイパビリティ・アプローチの有益な文献リストを掲載している。

Agarwal, Bina, and Pradip Panda. “Toward Freedom from Domestic Violence: The Neglected Obvious.” *Journal of Human Development* 8 (2007): 359–388.

Agarwal, Bina, Jane Humphries, and Ingrid Robeyns, eds. *Amartya Sen's Work and Ideas: A Gender Perspective*. Oxford: Routledge, 2005. Published in India as *Capabilities, Freedom, and Equality: Amartya Sen's Work from a Gender Perspective*. Delhi: Oxford University Press, 2006. (Originally published as two special issues of *Feminist Economics*, 2003.)

Alkire, Sabina. *Valuing Freedoms: Sen's Capability Approach and Poverty Reduction*. Oxford: Oxford University Press, 2002.

———. “Measuring Freedoms Alongside Well-Being.” In *Well-Being in Developing Countries: New Approaches and Research Strategies*, ed. I. Gough and J. Allister McGregor. Cambridge: Cambridge University Press, 2007.

Ball, Carlos. *The Morality of Gay Rights*. New York: Routledge, 2003.

Basu, Kaushik, and Ravi Kanbur, eds. *Arguments for a Better World: Essays in Honor of Amartya Sen*. Oxford and Delhi: Oxford University Press, 2009.

Basu, Kaushik, Prasanta Pattanaik, and Kotaro Suzumura, eds. *Choice, Welfare, and Development: A Festschrift in Honor of Amartya K. Sen.* Oxford: Oxford University Press, 1995.

Bendik-Keymer, Jeremy. "From Humans to All of Life: Nussbaum's Transformation of Dignity." In *Capabilities, Gender, Equality: Toward Fundamental Entitlements*, ed. F. Comim. New York: Cambridge University Press, forthcoming.

Brighouse, Harry, and Ingrid Robeyns, eds. *Measuring Justice: Primary Goods and Capabilities.* Cambridge: Cambridge University Press, 2010.

Chiappero-Martinetti, Enrica, ed. *Debating Global Society: Reach and Limits of the Capability Approach.* Milan: Fondazione Giangiacomo Feltrinelli, 2009.

Comim, Flavio, ed. *Capabilities, Gender, Equality: Toward Fundamental Entitlements.* New York and Cambridge: Cambridge University Press, forthcoming.

Comim, Flavio, Mozaffar Qizilbash, and Sabina Alkire, eds. *The Capability Approach: Concepts, Measures and Applications.* Cambridge: Cambridge University Press, 2008.

Crocker, David A. "Functioning and Capability: The Foundations of Sen's and Nussbaum's Development Ethic." *Political Theory* 20 (1992): 584–612.

———. "Functioning and Capability: The Foundations of Sen's and Nussbaum's Development Ethic, Part 2." In Nussbaum and Glover, *Women, Culture, and Development.*

———. *Ethics of Global Development: Agency, Capability, and Deliberative Democracy.* Cambridge: Cambridge University Press, 2008.

Crocker, David A., and Ingrid Robeyns. "Capability and Agency." In *Amartya Sen*, ed. C. Morris, 60–90. Cambridge: Cambridge University Press, 2009.

Deneulin, Severine, and Lila Shahani, eds. *An Introduction to the Human Development and Capability Approach: Freedom and Agency.* London:

Earthscan/IDRC, 2009.
Drydyk, Jay. "Responsible Pluralism, Capabilities, and Human Rights." *Journal of Human Development and Capability* 12, forthcoming.
Drydyk, Jay, with Peter Penz and Pablo Bose. *Displacement by Development: Ethics and Responsibilities*. Cambridge: Cambridge University Press, 2010.
DuBois, Jean-Luc, et al., eds. *Repenser l'action collective: une approche par les capabilites*. Paris: Reseau IMPACT, 2008.
Esquith, Stephen L., and Fred Gifford, eds. *Capabilities, Power, and Institutions*. University Park, PA: Penn State Press, 2010.
Fukuda-Parr, Sakiko, and A. K. Shiva Kumar, eds. *Readings in Human Development*. Oxford: Oxford University Press, 2003.
Holland, Breena. "Ecology and the Limits of Justice: Establishing Capability Ceilings in Nussbaum's Capability Approach." *Journal of Human Development* 9 (2008): 401–426.
———. "Justice and the Environment in Nussbaum's 'Capabilities Approach': Why Sustainable Ecological Capacity Is a Meta-Capability." *Political Research Quarterly* 61 (2008): 319–332.
Jayal, Niraja Gopal. "The Challenge of Human Development: Inclusion or Democratic Citizenship?" *Journal of Human Development and Capabilities* 10 (2009): 359–374.
Kanbur, Ravi, and Kaushik Basu, eds. *Arguments for a Better World: Essays in Honor of Amartya Sen*. Oxford: Oxford University Press, 2009.
Morris, Christopher, ed. *Amartya Sen*. Contemporary Philosophy in Focus. Cambridge: Cambridge University Press, forthcoming.
Pogge, Thomas. "A Critique of the Capability Approach." In Brighouse and Robeyns, eds. (III), 17–60.
Putnam, Hilary. "Capabilities and Two Ethical Theories." *Journal of Human Development* 9 (2008): 377–388.
Qizilbash, Mozaffar. "Social Choice and Individual Capabilities." *Politics, Philosophy and Economics* 6 (2007): 169–192.

Richardson, Henry. *Practical Reasoning about Final Ends*. Cambridge: Cambridge University Press, 1997.

———. "Some Limitations of Nussbaum's Capacities." *Quinnipiac Law Review* 19 (2000): 309–332.

———. "The Stupidity of the Cost-Benefit Standard." *Journal of Legal Studies* 29 (2000): 971–1003. Reprinted in *Cost-Benefit Analysis*, ed. Matthew Adler and Eric Posner. Chicago: University of Chicago Press, 2000.

———. "Rawlsian Social-Contract Theory and the Severely Disabled." *Journal of Ethics* 10 (2006): 419–462.

———. "The Social Background of Capabilities for Freedoms." *Journal of Human Development* 8 (2007): 389–414.

Robeyns, Ingrid. "The Capability Approach: A Theoretical Survey." *Journal of Human Development* 6 (2005): 93–114.

———. "The Capability Approach in Practice." *Journal of Political Philosophy* 14 (2006): 351–376.

———. "Justice as Fairness and the Capability Approach." In Kanbur and Basu, *Arguments for a Better World*, 2009.

Schokkaert, Erik. "Capabilities and Satisfaction with Life." *Journal of Human Development* 8 (2007): 415–430.

Stewart, Frances. "*Frontiers of Justice: Disability, Nationality, Species Membership*, by Martha C. Nussbaum." *Journal of Human Development and Capabilities* 10 (2009): 153–155.

Wolff, Jonathan, and Avner De-Shalit. *Disadvantage*. New York: Oxford University Press, 2007.

Ⅳ. 引用されている他の研究

Agarwal, Bina. *A Field of One's Own: Gender and Land Rights in South Asia*. Cambridge: Cambridge University Press, 1994.

———. "'Bargaining' and Gender Relations: Within and Beyond the Household." *Feminist Economics* 3 (1997): 1–51.

Arneson, Richard J. "Perfectionism and Politics." *Ethics* 111 (2000): 37–63.

Barclay, Linda. "What Kind of a Liberal Is Martha Nussbaum?" *SATS: Nordic Journal of Philosophy* 4 (2003): 5–24.

Barker, Ernest. *The Political Thought of Plato and Aristotle.* London: Dover, 1959. First published 1906 by G. P. Putnam's Sons.

Barry, Brian. *Justice as Impartiality.* Oxford: Clarendon Press, 1995.

Batson, C. Daniel. *The Altruism Question: Toward a Social-Psychological Answer.* Hillsdale, NJ: Lawrence Erlbaum Associates, 1991.

Beitz, Charles. *Political Theory and International Relations.* Princeton: Princeton University Press, 1979.

Benhabib, Seyla. "Cultural Complexity, Moral Interdependence, and the Global Dialogical Community." In Nussbaum and Glover, *Women, Culture, and Development*, 235–255.

Bhatt, Ela. *We Are Poor But So Many.* New York: Oxford University Press, 2006.

Brandt, Richard. *A Theory of the Good and Right.* Oxford: Clarendon Press, 1979.

Deigh, John. "Liberalism and Freedom." In *Social and Political Philosophy: Contemporary Perspectives*, ed. J. Sterba, 151–161. New York: Routledge, 2001.

Elster, Jon. "Sour Grapes." In Sen and Williams, *Utilitarianism and Beyond*, 219–238.

———. *Sour Grapes: Studies in the Subversion of Rationality.* Cambridge: Cambridge University Press, 1983.

Green, T. H. "Liberal Legislation and the Freedom of Contract." In Harris and Morrow, *T. H. Green*, 194–212.

Hampton, Jean. "Feminist Contractarianism." In *A Mind of One's Own: Feminist Essays on Reason and Objectivity*, 2nd ed., ed. Louise Antony and Charlotte Witt, 337–368. Boulder: Westview, 2002.

Harris, Paul, and John Morrow, eds. *T. H. Green: Lectures on the Principles of Political Obligation and Other Writings.* Cambridge: Cambridge University Press 1986.

Harsanyi, John. "Morality and the Theory of Rational Behavior." In Sen and Williams, *Utilitarianism and Beyond*, 39–62.

Korsgaard, Christine. "Fellow Creatures." *The Tanner Lectures on Human Values*, ed. Grethe B. Peterson, vol. 25/6 (2004): 79–110.

Larmore, Charles. *The Morals of Modernity*. Cambridge: Cambridge University Press, 1996.

Murphy, Liam. *Moral Demands in Ideal Theory*. New York: Oxford University Press, 2000.

Nagel, Thomas. *Equality and Partiality*. New York: Oxford University Press, 1991.

Okin, Susan Moller. "Poverty, Well-Being, and Gender: What Counts, Who's Heard?" *Philosophy and Public Affairs* 31 (2003): 280–316.

Pettit, Philip. *Republicanism: A Theory of Freedom and Government*. New York: Oxford University Press, 1997.

Pogge, Thomas. *Realizing Rawls*. Ithaca, NY: Cornell University Press, 1989.

———. *World Poverty and Human Rights: Cosmopolitan Responsibilities and Reforms*. Cambridge: Polity Press, 2008.

Posner, Eric. "Human Welfare, Not Human Rights." *Columbia Law Review* 108 (2008): 1758–1802.

The Pratichi Education Report: The Delivery of Primary Education, a Study in West Bengal, by the Pratichi Research Team, Kumar Rana, Abdur Rafique, Amrita Sengupta, with Introduction by Amartya Sen, number 1. Delhi: TLM Books, 2002.

Rawls, John. *A Theory of Justice*. Cambridge, MA: Harvard University Press, 1971.

———. *Political Liberalism*, expanded ed. New York: Columbia University Press, 1986.

———. *The Law of Peoples*. Cambridge, MA: Harvard University Press, 1999.

Rose, Kalima. *Where Women Are Leaders: The SEWA Movement in India*. Delhi: Vistaar, 1992.

Rothschild, Emma. *Economic Sentiments: Adam Smith, Condorcet, and the Enlightenment*. Cambridge, MA: Harvard University Press, 2001.

Scanlon, Thomas. "Value, Desire, and the Quality of Life." In Nussbaum and Sen, *The Quality of Life*, 185–200.

———. *What We Owe to Each Other*. Cambridge, MA: Harvard University Press, 1999.

Singer, Peter. "Famine, Affluence, and Morality." *Philosophy and Public Affairs* 1 (1972): 229–244.

Stiglitz, J. E., Amartya Sen, J.-P. Fitoussi, et al. *Report of the Commission on the Measurement of Economic Performance and Social Progress*. Online, 2010.

Sunstein, Cass R. *The Second Bill of Rights: F. D. R.'s Unfinished Revolution and Why We Need It More Than Ever*. New York: Basic, 2004.

Unger, Peter. *Living High and Letting Die: Our Illusion of Influence*. New York: Oxford University Press, 1996.

Williams, Bernard. "A Critique of Utilitarianism." In *Utilitarianism: For and Against*, ed. J. J. C. Smart and Bernard Williams, 77–150. Cambridge: Cambridge University Press, 1973.

各 章 の 注

以下の注は、さらなる読書のための案内を意図している。本文の意味を理解するために必ずしも必要なものではないが、ここから読者は、本文中のさまざまな主張がさらに擁護されたり議論されたりしている出版物（書誌情報は本書の参考文献表に記載されている）を参照できる。

ヌスバウム（Nussbaum）とセン（Sen）の著作リストは説明不要であろう。参考文献の第 III 部は、ヌスバウムとセン以外の著者による、ケイパビリティ・アプローチに直接関わる出版物を掲載している。厳選したものであるが、さらに読みたい人にとって便利な文献レビューであることを願っている。第 IV 部には、本文で言及されているその他の資料がすべて掲載されている。つまり、議論された論点に関連するものの、ケイパビリティ・アプローチを明示的に扱ったり、詳しく説明したりしていないものである。読者が特定の文献を二つの別個のリストから探す手間を省くため、これらの各文献の後には（III）または（IV）を挿入している。

第 1 章

『人間開発報告書』は、国連開発計画とオックスフォード大学出版局（ニューヨーク）によって毎年発行されている。

バサンティの話は、その他の関連する話やデータとあわせて、Nussbaum 3 でさらに詳説されている。

SEWA とバットの仕事については、Rose (IV) に書かれている。SEWA のような女性たちの闘いについては、Bhatt (IV) を参照。

栄養状態と医療ケアにおける女児の差別については、Sen and Drèze 14、16、18 を参照。性別による中絶については、18 を参照。Sen 33、34 も参照。

不平等な財産・相続法については、Agarwal (IV), *A Field of One's Own* を参照。家庭内暴力と土地所有権については、Agarwal and Panda (III) を参照。家庭内暴力については、Nussbaum 69 でさらに議論されている。

最後の段落で言及した実証研究については、Wolff and De-Shalit (III) を参照。

第 2 章

これらの基本的な概念の最も包括的な議論は、Nussbaum 3、6、55、および Sen 7、9 に見られる。ここで紹介するケイパビリティのリストは、Nussbaum 3、6、55 に掲載されているものと同じバージョンである。

政治的リベラリズムの考え方は、Larmore (IV) と Rawls (IV), *Political Liberalism* において、他のタイプのリベラリズムと分析・対比されている。重要な論点である客観性については、Nussbaum 46 で議論されている。

医療政策におけるケイパビリティと機能の議論については、Arneson (IV) を参照。

人間の尊厳という考え方については、Nussbaum 79 と 48 を参照。Nussbaum 3 と 6 にまとめてある。

悲劇的選択については、Sen 6 と Nussbaum 43 を参照。Richardson (III), *Practical Reasoning* も参照。

第 3 章

GDP アプローチに対する批判は、Nussbaum 3、6、55 と Sen 3、5、9 で展開されている。Stiglitz, Sen, Fitoussi, et al. (IV) における関連する批判と比較せよ。

功利主義アプローチに対する批判は、Nussbaum 3、6、33、55とSen 2、4、9、19、21、23、26、38で展開されている。功利主義的な幸福の概念は、Nussbaum 65と83で分析されている。Schokkaert (III) も参照。繊細な形の包括的厚生主義を擁護する非常に興味深い試みが、Posner (IV) にある。

選択の内的整合性については、Sen 35で議論されている。Sen 20も参照。効用の多元的概念がSen 26で提唱されている。

適応的選好については、Elster (IV)、Sen 3と4、Nussbaum 3 (Chapter 2) で議論されている。

主体性と自由の本質的重要性については、Sen 9で議論されている。Sen 27も参照。

ロールズの基本財の説明については、Rawls (IV), *A Theory of Justice* と *Political Liberalism* を参照。資源に対するニーズは人によって異なるというセンの指摘は、Sen 24で初めて明確にされ、その後、多くの本や論文で述べられた。とくにSen 3、4、7、9、38を参照。ヌスバウムはこの問題をNussbaum 3、6、55で取り上げている。

ケイパビリティと人権の関係については、Sen 49およびNussbaum 3、6、34、55、86で議論されている。権利に関連する事項については、Sen 27を参照。

第4章

センのアプローチと私のアプローチとの違いについては、Nussbaum 55を参照。Sen 9と比較せよ。

センのロールズ批判はSen 13にある。

政治的正当化に対する私のアプローチは、Nussbaum 3のChapter 2に示されており、さらにNussbaum 63では、多くの点で不正確なOkin (IV) による特徴付けに応答する形で展開されている。ロールズの有名なアプローチは、Rawls (IV), *A Theory of Justice* にある。自己教育の過程についてはNussbaum 35も参照。

「重なりあう合意」の概念については、Rawls (IV), *Political Liberalism* を参照。私によるこの概念の利用は、Nussbaum 6で説明されている。

情報に基づく欲求厚生主義に対する私の批判は、Nussbaum 3のChapter 2にある。Harsanyi (IV), Brandt (IV), Hampton (IV) も参照。人格の知的な一部としての欲求については、Nussbaum 3のChapter 2を参照（ここで私は、Scanlon (IV), *What We Owe to Each Other* を批判している）。

社会契約の見解に対する私の包括的な批判は、一貫してロールズに焦点を当てつつ、歴史的な議論と現代の議論の両方についてNussbaum 6で展開されている。私のロールズ批判は、Richardson (III), "Rawlsian Social-Contract Theory" で非常に興味深い形で議論されている。私はこの論文の掲載号で回答している。

スキャンロンの倫理的契約主義については、Scanlon (IV), *What We Owe to Each Other* を参照。これに基づいて政治理論を展開しようとする試みに、Barry (IV) がある。Scanlon (IV), "Value, Desire, and the Quality of Life" は、彼自身のアプローチが、実質的なリストを含み、バリーとはかなり異なるものになることを示唆している。

政治的リベラリズムとその関連概念については、Larmore (IV) およびRawls (IV), *Political Liberalism* を参照。政治的リベラリズムをケイパビリティ・アプローチの正しい枠組みとする私のコミットメントは、Nussbaum 32で初めて表明され、それ以降、このアプローチの主要な論考で繰り返されている。したがって、この考え方を「コスモポリタニズム」の一形態と見るのは、Nussbaum 77で説明したように、断じて不正確である。

宗教と国家については、Nussbaum 8と76を参照。

このアプローチが「結果指向」ではあるが、（包括的）帰結主義ではないことについては、Nussbaum 6を参照。

感情については、Nussbaum 4、5、7、9、23、24、26、53、73、80、83、88を参照。Sen 21も参照。

第5章

（文化の違いに敏感な）普遍主義の擁護については、Nussbaum 3 の Chapter 1 および Nussbaum 19、22、25、27 を見よ。

人権運動に関わる重要な概念がすべて「西洋の価値観」であるという考えに対するセンの批判については、Sen 42、43、11 および Nussbaum 20 (Sen and Nussbaum) を参照。

宗教と、女性の平等を含む他の重要な政治規範との関係については、Nussbaum 2、3、7、8、30、40、50、64、71、75、76、78、82、85、そして Sen 12 を参照。

タゴール、ガンジー、ネルーについては、Sen 11, Nussbaum 7、10、Nussbaum and Doniger 15 を参照。

インドと南アフリカの憲法における社会的・経済的権利の保護については、Nussbaum 78 を参照。

文化が一枚岩ではないことについては、Benhabib in Nussbaum and Glover 12 と Nussbaum 3 を参照。

自由の体系を明確化する必要性については、Richardson (III), “*The Social Background*” にあるリチャードソンの興味深い批判を参照。この種のことを私は Nussbaum 8 で行っていると思うが、執筆したときにはまだリチャードソンの見解を知らなかった。

人道的介入についての私の見解は、Nussbaum 6 に書かれている。

第6章

国の枠組みを超えてケイパビリティ・アプローチを拡張する私自身の議論は、Nussbaum 6 にあり、Nussbaum 67 にその萌芽がある。この分野への主要な貢献は、Rawls (IV), *The Law of Peoples*, Beitz (IV), そして Pogge (IV), *Realizing Rawls* および *World Poverty and Human Rights* に見られる。Unger (IV) の功利主義的見解や Singer (IV) も参照せよ。

個人の慈善活動の公平性の問題については、Murphy (IV) を、また、共感のような感情が公平でバランスのとれた援助につながらないとい

う心理学のエビデンスについては、Batson (IV) を参照。

人々に自分でコントロールできる領域を与えることの重要性については、Williams (IV) を、また、ひとつの魅力的な解決策については、Nagel (IV) を参照。

第7章

ケイパビリティ・アプローチの哲学的影響の非西洋的な起源については、Sen 11、42 および Nussbaum 7 を参照。

アプローチの基礎となるアリストテレスの思想は、Nussbaum 18、19、21、22、25、27 で論じられている。Nussbaum 78 は、この議論に関連するアリストテレスのテキストへの包括的な参照を含んでいる。富の追求に対するアリストテレスの批判は、*Politics*, 1256a1-1258b8 を参照。プラトンの共同体国家に対する批判は、*Politics*, Book II にある。「一人ひとりの善」については、1261a17-b10 を参照。

ストア派の尊厳の考え方とその含意については、Nussbaum 31、48、53 を参照。いくつかの限界が Nussbaum 37、48、53 で論じられている。

ロジャー・ウィリアムズについては、Nussbaum 8 の Chapter 2 で議論されている。

スミスと教育については、Nussbaum 78 の関連する議論を参照。貿易制限については、*The Wealth of Nations*〔『国富論』〕(以下 WN と略記) 452-498 を参照。金融界の過大な影響力を制限するための政府の活動をスミスが擁護したことについて、Rothschild (IV) は優れた議論を提供している。「弱々しい植物」については WN 97 を参照。教育については、WN 782-788 を参照。

ペインの『人間の権利』における能力(ケイパビリティ)の考え方の分析については、Nussbaum 78 を参照。

Barker (IV) および Green (IV) を参照。グリーンの思想とイギリスの政治的発展との関係については、Harris and Morrow (IV), "Introduction" および Deigh (IV) を参照。ニューディール政策におけ

る同様の考え方については、Sunstein (IV) を参照。

第8章

不利については、Wolff and De-Shalit (III) を参照。

ジェンダーと人間のケイパビリティについては、Nussbaum 2、3、12、25、26、35、39、54、55、56、62、63、69、71、Sen 32、33、34、40、47、48、Agarwal and Panda (III), Agarwal, Humphries, and Robeyns, eds. (III) を参照。

関連する哲学の研究については、Nussbaum 2、5、28、29、30、38、40、41、44、50、51、52、57、58、59、66、68 を参照。

インターネットで女性をモノ扱いする見方については、Levmore and Nussbaum 16 のエッセイを参照。

性的指向については、Nussbaum 2、5、9 を参照。Ball (III) も参照。

障がいとケアが Nussbaum 6 の中心的な問題であり、他の理論家の見方もそこで包括的に議論されている。認知機能障がい者の政治的権利についての新しい主張は、Nussbaum 6 を超えて、Nussbaum 87 にあり、このテーマを取り上げたジャーナルの特集号には、他の人による多くの適切な資料が含まれている。優れた批評については、Richardson (III), "Rawlsian Social-Contract Theory" を参照。*Human Development Report* 1999 は、ケアとケア労働の問題に焦点を当てている。

教育に関するヌスバウムの著述は、1、10、17、59、72、74、81 を参照。教育に関する法的・憲法的問題は、78 と 68 で論じられている（ここで言及されている事例は、78 でさらに分析されている）。

プラティチ・トラストの調査結果については、*The Pratichi Education Report* (IV) を参照。

参考にした判例は、インドから *Mohini Jain v. State of Karnataka,* AIR 1992 1858; *Unnikrishnan J. P. v. State of Andhra Pradesh,* AIR 1993 SC 2178。アメリカから *Plyler v. Doe,* 457 U.S. 202 (1982)。

動物の権利に関するヌスバウムの見解については、Nussbaum 6、88、89を参照。また、Korsgaard (IV), Bendik-Keymer (III) も参照。

環境の質については、Holland (III), "Ecology and the Limits of Justice," "Justice and the Environment in Nussbaum's 'Capabilities Approach,'" Bendik-Keymer (III) を参照。人口に関するセンの見解は、Sen 39、41を参照。

ケイパビリティと憲法についてはNussbaum 78を、政府の任務についてはNussbaum 6と78を参照。ケイパビリティと政府の間の概念的つながりを否定するセンの見解については、Sen 49を参照。宗教的実践の自由の問題については、ここで言及されているすべての判例が分析されているNussbaum 8のほか、76、78でも広く議論されている。

センと公共の討議については、Sen 11、12、13を参照。

本文で言及されている自由な実践の判例は以下の通り。

Sherbert v. Verner, 374 U.S. 398 (1963)

Employment Division v. Smith, 494 U.S. 872 (1990)（解釈の枠組みに大きな変化をもたらした裁判）

People v. Philips, N.Y. Court of General Sessions, June 14, 1813（司祭と告解をめぐるこの事例は、非公開で録音され、McCon-nell, Garvey, and Berg編のreligion casebook, pp.103-109に転載されている。）

Swann v. Pack, 527 S.W. 2d 99 (Tenn. 1974)（蛇の扱いに関する裁判）

感情に関する私の以前の研究については、Nussbaum 4、5、23、24、26、32を参照。最終的に、現在進行中の新しいプロジェクトの一部となるであろう研究については、53、75、80、85、90を参照。

ケイパビリティ・アプローチとは何か
生活の豊かさを測る

2025年 2 月20日　第 1 版第 1 刷発行
2025年 5 月20日　第 1 版第 2 刷発行

著　者　マーサ・ヌスバウム
訳　者　栗《くり》林《ばやし》寛《ひろ》幸《ゆき》
　　　　池《いけ》本《もと》幸《ゆき》生《お》
発行者　井 村 寿 人

発行所　株式会社　勁《けい》草《そう》書 房
112-0005 東京都文京区水道2-1-1　振替 00150-2-175253
（編集）電話 03-3815-5277／FAX 03-3814-6968
（営業）電話 03-3814-6861／FAX 03-3814-6854
堀内印刷所・松岳社

ISBN978-4-326-15494-4　　Printed in Japan

＊落丁本・乱丁本はお取替いたします。
ご感想・お問い合わせは小社ホームページから
お願いいたします。
https://www.keisoshobo.co.jp